新加坡的
成功

经济增长驱动力

[法] 亨利·盖斯奇埃尔　著
Henri Ghesquiere

/

张旭　译

Singapore's

Success

Engineering

Economic

Growth

江苏人民出版社

图书在版编目(CIP)数据

新加坡的成功:经济增长驱动力:英文/(法)亨
利·盖斯奇埃尔著;张旭译.--南京:江苏人民出版
社,2021.2
　　ISBN 978-7-214-25185-5

　　Ⅰ.①新… Ⅱ.①亨…②张… Ⅲ.①经济发展-研
究-新加坡-英文 Ⅳ.①F133.94

中国版本图书馆 CIP 数据核字(2020)第 112220 号

Singapore's Success: Engineering Economic Growth 1st Edition
By Henri Ghesquiere

江苏省版权局著作权合同登记 图字:10-2015-090 号

书　　　名　新加坡的成功:经济增长驱动力
著　　　者　[法]亨利·盖斯奇埃尔
译　　　者　张 旭
责 任 编 辑　于 辉
装 帧 设 计　刘葶葶
出 版 发 行　江苏人民出版社
地　　　址　南京市湖南路 1 号 A 楼,邮编:210009
网　　　址　http://www.jspph.com
照　　　排　江苏凤凰制版有限公司
印　　　刷　苏州市越洋印刷有限公司
开　　　本　718 毫米×1000 毫米　1/16
印　　　张　16.75　插页 2
字　　　数　200 千字
版　　　次　2021 年 2 月第 1 版
印　　　次　2021 年 2 月第 1 次印刷
标 准 书 号　ISBN 978-7-214-25185-5
定　　　价　49.00 元

(江苏人民出版社图书凡印装错误可向承印厂调换)

序　言

应许之岛①

2004年1月5日。在樟宜机场降落几分钟之后，我的行李就从传送带上出来了。随后，一位热心而周到的出租车司机接过它们。在前往市区的路上，我们享受着的空调吹出的舒适凉风，周围都是闪闪发亮的新车。在郁郁葱葱的绿植和时不时显现的大海之间，一排排修剪得整整齐齐的开花灌木，仿佛延展出一眼望不到尽头的热带式欢迎礼。远方，我看到那个全世界最繁忙的集装箱码头；而在稍近一点的地方，新加坡那由玻璃和钢铁构成的迷人天际线正向全世界敞开胸怀——这里容纳着超过6 000家跨国公司。与此同时，年轻有为、衣冠整洁的职场人士，正在这个多族群聚居的、温文尔雅的都市里，度过他

---

① 在这里，作者借用了《旧约·创世纪》中"应许之地"（Promised Land）的说法。以色列人的祖先亚伯拉罕由于虔敬上帝，耶和华与之立约，其后裔将拥有"应许之地"，即"流淌着奶与蜜之地"——迦南。后世用"应许之地"比喻遵守规则、通过考验后获得的奖赏。——译者注

们的午休时光。在新加坡，我开启了自己在"国际货币基金组织"(the International Monetary Fund, IMF)的最后两年任期。而上文描述的那一天，正是我任期开始的第一天。在之前的 25 年里，我服务过多个国家，它们大多数是低收入国家。而当我来到新加坡，犹如来到了一片应许之地。

来自谁的应许？难道是来自我在国际货币基金组织的上司，为了弥补我在氧气稀薄的拉巴斯[②]、风沙肆虐的努瓦克肖特[③]亦或寒风刺骨的基辅所遭受的艰辛？应该不是。之前工作的这些地方，都曾使我受益良多。尤其是，每当我与那些满腔热忱的政府官员密切合作，致力于改善其祖国已陷入困境的经济状况时，总能获得某种深刻的职业成就感。

不！应许，正是来自一个终极目标。为了达到这个终极目标，我和我在国际发展领域的同事们，在过去 25 年间坚持不懈、孜孜以求。我们提出的全部政策建议，都具有一个基本的前提：只要执行正确的经济方针——持之以恒地执行，你们的国家必将迎来高速增长、摆脱绝对贫困。我们的政策建议，即便可能带来暂时的痛苦，其最终目标却都是实现每个经济体的发展潜力：这样的经济体可以为所有的人提供干净、体面、经济的住宅，高品质的医疗和教育，展现理想抱负的工作，以及每个人家的孩子都拥有的追求人生进阶的机会——这一切，现代新加坡都已做到。这个城市国家，正如其第一任总理李光耀(Lee Kuan Yew)所宣称的，已经"用一代人的时间，从一个第三世界国家，一跃而升，成为第一世界的一员。"[④]

---

② 拉巴斯，玻利维亚的行政首都，议会和政府机构所在地，也是玻利维亚最大的城市，政治、经济、文化中心和交通枢纽，海拔高度 3 627 米，是世界上位置最高的首都。——译者注

③ 努瓦克肖特，毛里塔尼亚首都，政治、文化、商业、金融中心、外国使团和国际组织代表处所在地，位于撒哈拉沙漠西部。——译者注

④ 李光耀：《从第三世界到第一世界：新加坡的故事(1965—2000)》，新加坡：新加坡报业控股，2000 年。

　　我来新加坡工作的主要目的,是将好的经济政策的具体细节灌输给当地的管理者。这两年里,我一直担任国际货币基金组织—新加坡培训学院(IMF‒Singapore Regional Training Institute,STI)的院长。我们的学院,由新加坡政府与国际货币基金组织合作运营。来自亚太地区的多个国家政府和中央银行的近2 000名学员,到这里接受一周至三周的相关课程的培训。从阿富汗到汤加,40多个国家的学员走进我们的学院,学习如何制定和运用宏观经济政策与合理的财政金融原则,助力实现经济的持续增长。对其中一些学员来说,这是他们的第一次出国旅行。每每乘车穿过这座干净无比的现代化都市,很多人无疑在想,怎样才能找到那把看似神秘的钥匙,打开本国社会的潜能之门。

　　找到那把钥匙,正是我的这本书中蕴藏的问题:我们可以用哪些因素,来解释新加坡举世瞩目的经济增长?在2000年之前的40年间,没有哪个经济体曾创造过更快的发展速度。新加坡的经验能够给其他国家——无论是发展中国家还是发达国家,带来什么启示?许多游客来到这个小型城市国家,看到最先进的交通运输系统和光彩夺目的摩天大楼,往往赞叹不已。然而,很多人——包括来自发达国家的旅行者,在了解新加坡的经济政策和制度之后,对这种无形的建筑将感到同样的惊叹。

致　谢

　　我写作本书的过程中,很大程度上得到了其他学者的支持,读者可以从本书的脚注和参考文献中明显看到。因此,特别感谢戴维·韦尔(David Weil),我从他那本卓越的教科书中复制了若干张图表。一些人曾读过我的手稿,提出一些修正意见,并给予很多富于洞察力的评论,帮助我丰富了最终的版本。我还要将真挚的谢意,送给卢克·德·伍尔夫(Luc De Wulf)、Anita Doraisami(阿尼塔·多莱萨米)、乔舒亚·格林(Joshua Greene)、许和意(Khor Hohe Ee)、杰罗姆·拉·皮图斯(Jerome La Pittus),林崇椰(Lim Chong Yah)⑤、戴维·奥斯蒙德(David Orsmond)、尤斯顿·柯(Euston Quah)、利奥·范·霍特文(Leo Van Houtven),以及彼得·威尔逊(Peter Wilson)。他们真诚而坦率的评论,既鼓舞人心,又

xi

⑤ 林崇椰,新加坡著名经济学家,具有国家公务员和私人企业的任职经历,南洋理工大学人文与社会科学学院温斯敏经济学讲座教授、南洋理工大学经济成长中心主任,学术兴趣主要在于发展经济学和稳定经济政策研究。其女林学芬,为李光耀的二儿媳、李显扬的妻子,同时也是新加坡最大的律师事务所摩根路易斯—腾福的合伙人。——译者注

使我受益匪浅。特别要提到的是埃内斯托·塞迪略（Ernesto Zedillo），曾任墨西哥总统，现在则是耶鲁大学的著名学者，他从繁忙的日程安排中挤出时间来阅读本书。伊丽莎白·丹尼尔（Elizabeth Daniel）运用高超的编辑技艺，将我的手稿打磨成为一部精美的学术著作。我与她，再加上汤姆森学习出版集团的保罗·陈（Paul Tan）和宝琳·林（Pauline Lim）形成一个团队，密切合作，对我来说是一段十分愉快的经历。

本书包含的诸多见解，均孕育于我在国际货币基金组织的 27 年的职业生涯。以前的同事和主管，教会了我许多。我曾与很多国家的政府官员和其他人员——包括世界银行的职员——亲密无间的共事。从他们身上，我也学到许多。在撰写本书的过程中，我具有"旁观者清"的优势，注意到新加坡某些极不同寻常的方面。与此同时，我还必须在极短的时间完成大量的学习和研究。一些作者提出的见解具有非凡的价值，比如，加文·皮布尔斯（Gavin Peebles）教授、彼得·威尔逊教授、林崇椰教授、琳达·洛（Linda Low）教授、戴安·莫齐（Diane Mauzy）教授，以及 R. S. 米尔恩（R. S. Milne）教授，还有几位在新加坡工作多年的国际货币基金组织的职员等。尽管如此，我必须强调，本书中的所有观点仅代表我个人的意见，而不属于任何曾经或至今仍与我有关联的组织。书中的一些案例、解释或者判断倘若出现错误，均由我本人承担责任。

我的第一本著作《在伊甸园与乌托邦之间——东南亚的发展之路》出版于 1976 年。我曾把那本书献给当地的年轻人。对他们来说，发展意味着对领导力、才智与能力的独特挑战。这本《新加坡的成功》，则要献给我的妻子——米克。感谢她一直陪伴在我身边。如果没有她，这本书——就像我们生活中的很多东西一样，都只能停留在一个无法成型的概念状态。

目 录

导论

新加坡的成功能否移植到其他地方？

一些专家断言，新加坡的成功无法复制。这个国家具有某些得天独厚的优势。在方圆不足 800 平方千米的狭小岛屿上，聚集着 430 万人口①，这有助于提供成本效益更高的社会服务、基础设施和政府治理。印度和巴西等国土面积犹如大洲般宽广的国家，显然不具备上述条件。而与其他大都市相比，新加坡的主权国家地位则给予其权力，控制来自内陆腹地的移民。天然的深水港与所处的战略位置，又使新加坡得以在国际贸易和沟通交流等方面捕获先机，这是尼泊尔等缺乏海岸线的内陆国家根本无法企及的优势。而像柬埔寨等传统农业仍占据主导地位的国家，面对这个初级产业已萎缩、仅剩下兰花种植业和水产养殖业、且在整体经

---

① 根据中华人民共和国外交部公布的"新加坡国家概况"（最近更新时间：2019 年 1 月），新加坡国土面积为 722.5 平方千米，总人口 564 万（2018 年 6 月），其中公民和永久居民 399 万。新加坡由新加坡岛及附近 63 个小岛组成，其中新加坡岛占全国总面积的 88.5%。值得注意的是，近年来，新加坡岛的面积因沿岸地区的填海造地而一直在扩大。——译者注

济格局中已微不足道的国家，又能学到什么呢？

尽管如此，还是有一些国家，的确已经从新加坡的成功经验中学到了很多。1978 年，中国做出一项重大决定，一举扭转了长达五个世纪的经济孤立与隔绝状态。这个决定，某种程度上受到邓小平当年访问新加坡的影响。他"在中国培育一千个新加坡"的梦想激发了更多代表团去这个岛屿参观、考察。韩国，则对新加坡在打击腐败方面的成绩印象深刻。很多国家的官员惊叹于这个人口稠密的城市国家在保持交通顺畅方面的成就，世界各地的城市规划专家也都致力于研究新加坡的住房项目设计。一直以来，迪拜始终保持着对新加坡的关注。当其他国家都对跨国公司 (Multinational Corporations, MNCs) 避之不及之时，新加坡却持积极欢迎的态度，提供慷慨的奖励政策和"一站式窗口"服务，赢得了无数的追随者。目前，新加坡的出口导向型工业化策略也为许多国家所采用。1970 年，当时还未出任马来西亚总理的穆罕默德·马哈蒂尔医生 (Dr. Mohamad Mahathir) 到访新加坡总统府"伊斯塔纳宫"(Istana) 时，对总统府前的草坪如何维护绵延不绝的绿色表现出浓厚的兴趣。（后来，马哈蒂尔成为马来西亚总理，在首都吉隆坡也搞起了像新加坡一样的绿化。——译者注）出于外交礼节的考虑，宾客都会表达对到访国家的赞赏。然而，恭维之后往往伴随着模仿。

各个国家之间——无论大小，都可以相互学习、彼此借鉴。19 世纪的德国习得英国工业革命的成果；1867—1868 年明治维新时的日本，从德国的经济赶超中获得宝贵的经验；而从日本的成功中，新加坡也受到了启发；就在最近，英国工党组织了一个考察团，专门来研究新加坡的医疗卫生体系。上述循环构成了一个闭合的圆。学习并不意味着必须将他国

2

的成功策略不加批判的移植到本国的大环境中。原封不动地照搬别国的经验不仅作用有限,有时甚至会造成伤害。然而至少,各国或其私营企业都会从别处获得启发、激发灵感。本书即致力于将那些具有更广泛适用性的一般原则,与其在新加坡背景之下特殊的执行方式区分开来;探究新加坡是如何在本国特有的经济环境之下,运用这些基本原则的? 更重要的是,如果新加坡的经历已证实上述基本原则的有效性,那么其他国家——无论是发展中国家还是发达国家,都可以在结合具体国情探索运用这些基本原则的过程中获益。换句话说,我们不是要将新加坡当作一个供复制、粘贴的"模板",而是要从它身上借鉴经验、吸取教训。

新加坡的战略应被效仿吗?

即便是新加坡经济成就的热切仰慕者,也不得不承认其存在的诸多瑕疵。他们坚称,虽然这个国家的发展策略令人印象深刻,但肯定存在一些技术缺陷。这些技术缺陷,可能应是其他国家想要避免的。国际货币基金组织的官员们,曾对一些国家政府储蓄规模过大的状态提出质疑——也许并不需要存那么多钱。新加坡就是遭到质疑的少数几个国家之一。这意味着,它正以压抑当代人的消费为代价,换取子孙后代的消费能力。[2] 当我们观察新加坡的经济发展记录时,可以发现,如果将这个国家比喻成一个玻璃杯,它可能已经装满了 85% 的容量,但评论家却倾向于关注仅剩的 15% 的空间。很多知名学者曾对新加坡的中央公积金(Central Provident Fund,CPF)制度表示关注。它是一项个人强制储蓄

3

---

②《国际货币基金组织报告》(2005 年),第 15 页。

计划，初衷是为退休人员提供收入。一些学者认为，政府后来改变了这项政策的方向，转而去资助民众获取普遍的住房所有权。结果就是，政府缺乏流动储备资金，而且许多退休人员无法得到充足的预期收益。另一些学者则强调，新加坡的国有企业③和政府指导在经济发展中占据的主导地位，可能会阻碍当地私营企业家的开拓创新，而后者才是新加坡等成熟经济体的关键增长驱动因素。此外，观察家们还不禁哀叹，数百年以来的华文传统之下对书面考试的过度重视，将令新加坡教育中蕴藏的创造之光日益晦暗。

新加坡社会环境下的政策劣势也许可以被视为它正遭遇的全新挑战。伴随着经济环境的演变，这些挑战不可避免，迟早将会显现。然而，缺陷正意味着，新加坡必须持续不断地调整和重新界定相关策略。政府不可能一次性解决所有问题，必须按照轻重缓急渐次处理。事实上，在不顾一切地修补发展策略方面，新加坡政府似乎有点儿过度执着了。每当有潜在的竞争对手冒头，哪怕他们才刚刚出现在遥远的地平线上，政府就已行动起来应对危机了。昨天的优势可能变成明天的障碍。实用主义的政策是变化发生了就要解决问题……然而，这需要时间。就好像一艘满载的油轮，当指令发生变化，它必须在海上行驶数英里才能完成航向的改变。一个问题可能会有好几个正确答案，而老师们能在一夜之间接受这个现实吗？

在本书中，我们将考察新加坡的经济政策及其历次演变，研究经

---

③ 新加坡的国有企业在当地被称为"和政府有联系的企业"（Government-Linked Companies，GLC），简称为"政联企业"或"政联公司"。新加坡的国有企业分为两大类：一类是兼有行政管理和企业经营两种职能的法定机构；另一类是政府拥有全部或部分股份，进行商业盈利活动的国有公司。——译者注。

济政策实施的时机和定序。毕竟,这个已装满了85％容量的玻璃杯,足以为其他国家提供一份难以抗拒的佳酿,令人衷心叹服、引发无尽思考。

新加坡的成功是否代价过大?

一些反对者认为,其他国家不应该效仿新加坡的经验。只不过出于与上文所述全然不同的原因:定义新加坡发展战略的这种价值观体系与其他国家社会的偏好选择格格不入,有时候,甚至连新加坡人自己都无法接受。很多外国人哀叹,在这个小岛国,贩毒罪和谋杀罪都会被判处死刑。他们还厌恶新加坡公共教育领域的家长式作风,以及政府对政治活动的过度管控。在很多人看来,为失业者和老年人承担财政责任的主体,应该是国家——而非个人或者他们的家庭。除此之外,新加坡对新闻出版自由的限制亦广遭非议。工会也应与政府保持较远的距离,这样才能保证公平与安全。许多人认为,新加坡政府正在运用一些手段,以达到事实上的一党民主,为此他们感到深切不安。尽管与之前相比,新加坡已变得愈发开放、充满活力,但对待那些抱持不同意见的反对派,官方惯常的严厉、苛责的态度,却发展出一种贫瘠、刻板的文化,最终可能会使这个社会失去生机。

虽然经常遭遇质疑,但是,如果讨论任何民主社会企及达到的终极目标,新加坡的表现绝对可以获得高分。公民的财产权一直得到有力的保障。个人也不会遭到国家、机构,或是其他同胞的欺辱和掠夺。新加坡的犯罪率很低,政府部门的公信力则很高。社会向每个人提供阶层跃升的机会。性别平等方面，即便与全球标准相较也处于平均水平。新加坡贯彻英才政策，推动人才的招募与晋级。与世界上其他同等收入水平的国家相比，新加坡的税率较低。法律条文上，新加坡明令禁止民族、种族与宗教歧视；实际执行中，此类歧视虽然无法做到彻底根除，也确实将相关行为降到了最低程度。政府遵循民众认可的规则——虽然愤世嫉俗者会加上一句，这些规则可都是政府自己制定的。政府也服从周期性选举的原则——同样的，现实主义者也会反击一句，无论如何政府总是赢的一方。

以上正是问题所在——新加坡稳定的政治状态对其发展战略起到了强大的支撑作用。这样的政治秩序是在民主的框架下实现的。自1959年获得权力以来，人民行动党（People's Action Party，PAP）就一直是新加坡的执政党。在这个国家，多党参与的大选定期举行，持不同政见者也拥有一定的活动空间，可以宣扬自己的意愿和观点，虽然，民主和自由都是有限度的，且前提是维持一个强大的政府。一旦事关良好的政策，这个政府有能力在全民范围内锻造一种共识。西方人长期浸淫于质疑绝对权威的传统之中，在他们看来，在社会中自由组建政治团体，从而实现自我决定和自我表达，这绝对是值得珍视的价值成果而新加坡的人口78%是华人。按照华人社会的历史传统，确定规则和施加控制的主体都是国家，它以提供稳定秩序换取民众的服从。因此，在新加坡，一党统治的代价与收益，不仅由国家的领导人，而且根据现有证据，主要是由大多数民众来权衡和判断的。

经济发展的成就与自由民主制度之间是否存在取舍或折中？掌握统治权的精英们坚信，答案是肯定的。在他们看来，新加坡之所以能开创强劲的经济增长并迅速赶超西方，所谓"软性威权主义"和集体道德自律功不可没。在这个国家特殊的历史条件下，如果实行不受约束的民主和自由，一切成就都将化为乌有。本书的主题即是如此，新加坡的经济成就、政策，经济与政治制度，态度，价值观，及其政府的领导力，等等，都是紧密交织在一起的。在很长一段时间之内，上述因素具有异常强大的内部凝聚力，且彼此增援、相互强化，由此达到令人惊叹的结果。一些人可能会由衷地赞美，人民行动党最大的功绩，正是成功地维护了上述的凝聚力。

其他国家和地区可以通过其他方式取得这种平衡。而且，新加坡的年轻一代为了实现这样的目标可能也会摒弃先驱的做法。随着新加坡追上发达国家的收入水平，人们越来越倾向于对照世界通行的标准对本国开放的程度作出评价。当然，新加坡人有权按照自己对理想社会的设想，决定本国的发展速度和方向。然而，随着富裕程度和受教育水准的提升，他们的价值观和意愿很有可能发生变化。对青年人来说更是如此。他们的祖辈冲破重重困境、造就经济起飞的那段激荡年代，最终也将如古代历史一般黯然褪色、遭到淡忘。在他们看来，在21世纪的新加坡，一个受到较少约束的市民社会与持久稳定的社会秩序能够和谐共存。而且，保障一个成熟经济体持续发展所必需的革新精神与创造精神，也对不断增强公开性提出了自己的要求。

更多针锋相对、开诚布公的争论将令新加坡变得愈发强大。一直以来，政府致力于对民众进行终身的纪律和道德教育，并标榜自己为开明政策的执行者。他们怀有疑虑，如果增加对财政状况的披露，或者放开对媒体的束缚，类似投机主义的行为可能损害长期努力的成果。尽管如此，新加坡经历了非凡的经济腾飞，同时完成了社会和谐的培育，并构建了一个足以轻松应对任何迫在眉睫的金融危机的财政体系。在没有类似依靠石油出口大获意外之财的情况之下，新加坡的成就已超越任何一个迅速老龄化的社会，这足以证明其精英领袖的卓越智慧。这个国家的民众——即便是年轻一代，都意识到本国经济在日益加剧的全球竞争面前实际上十分脆弱，这更凸显了执行合理金融政策的必要性。为人父母，总觉得自己的儿女还小。当他们发现孩子们竟然具有意想不到的成熟思想时，都感到既惊异、又欣喜。新加坡政府说不定也会像那些父母一样逐渐意识到，民众在面对财政信息透明度的提高和更广泛的政治公开时，具有远超预期的应对能力。

成功的驱动力

在新加坡，驱动经济繁荣，自始至终居于最核心的位置。上述结论并非轻易提出。我不会无视构成新加坡人口主体的马来人、印度人和华人群体的意愿，也不会忽略上述群体丰富而厚重的历史和传统。与此同时，我也不会诋毁新加坡人家庭的精神、文化和朴素的人文价值。尽管如此，持续不断地创造繁荣，正是新加坡作为一个现代社会，向外部世界投射的公众形象。

在这个国家，经济是支配一切的主题。相较于其他的国家、地区，新加坡人更愿意通过集体共同奋斗以实现国家的兴旺发达，这样的强烈意愿激发了一代又一代人的活力与干劲。一些新加坡人可能不同意我对商业动机的强调。毕竟，为了构建民族内聚力、灌输公民责任感和公共服务的观念，这个国家曾付出巨大的努力，实际上也取得了令人惊羡的效果。新加坡人在戏剧、音乐、绘画等艺术领域，都取得了很大的进步。本书并

7

未将这个国家的全部价值追求简单地归纳为所谓"一切向钱看"。相反，我提出的观点是，长期以来，新加坡将维护持久的经济繁荣视为第一要务，这本身就为民族构建和实现其他发展理想提供了强劲的基本理念的支撑。正如新加坡政府一直宣扬的——实现国家富强就是全民信奉的世俗宗教。通过邀请跨国公司入驻，从而建立出口导向型的工业化模式，新加坡已达到凤凰涅槃一般的状态。这一状态需要政治和社会稳定，而政治和社会稳定又反过来要求各宗教和种族之间和谐相处，并在平等的机会环境下分享福利。审慎的政策奖励表现优秀的人，并给予他们更多的机会，这使得新加坡的精英阶层和平民大众，都能通过努力突破困境、实现进步。

驱动力对新加坡的成功至关重要。无论是作为第一批发展高科技电子产业的国家，与世界各地互通互联，还是在实施经济发展战略方面，甚至是就塑造社会而言。[④] 政治精英对共享繁荣的热切追求需要汇集各方面的要素，包括政策、制度、态度，以及政治智慧，继而创造一个虽错综复杂却能高效运行的机制，且这一机制必须保持从不间断地升级和更新。职业伦理中突出纪律的要求，鼓励年轻人推后消费延迟满足实现更多积累，推崇市场竞争，在学校教育与公务员体系中推动英才政策，树立政府的廉政体制与公信力，以及强调依法治国，等等，都成为上述机制中不可缺少的润滑剂。这种发展战略无疑是非常明智的：新加坡根据本国的客观条件和战略执行的实际效果，对相关发展政策、

④ 2005年，"世界经济论坛"发布的《全球信息技术报告》高度认可新加坡在信息和通信技术应用开发领域的成就，将其排在115个上榜国家之首，网络访问地址为http://www.wereform.org/site/homepublic.nsf/content。

制度、政治经济体制所依托的原则和遵循的理念，进行审慎地检验与评判，分辨优劣，做出选择与修正，从而追求预期中合乎逻辑的发展成果。

新加坡的成功是独一无二的吗？

有些人可能会说，新加坡的成功并非独一无二。世界上还有少数国家、地区——比如日本、韩国、中国台湾地区，也曾取得与新加坡相比毫不逊色的成就。此外，不要说中国和印度，像马来西亚、智利、博兹瓦纳等国取得的成绩，也同样值得我们进行详尽地研究。这一观点很难招致反对。事实上，1993 年，世界银行就曾发起过一项首创性的研究，主题是"东亚奇迹"，致力于了解这些国家是如何以全然不同的方式实践若干基本原则，从而取得成功的。不同的国家保持高速增长的方式是不同的。收入趋同并不意味着各国的政策和制度也必须一模一样。正如世界银行所强调的，制定有效增长策略的技艺，在于仔细考虑每个国家的特殊因素、机遇与局限，尤其要考虑政治领域。通往成功的道路并不是独一无二的。⑤新加坡只是历史留给我们的一个案例而已。

本书的结构

第一章，描述新加坡的经济发展纪录，并运用增长核算法，对新加坡40 年里年均 8% 的增长进行分析，得到五点直接因素。我们将讨论物质资本在新加坡经济增长初期发挥的巨大作用。之后，这个因素的重要性逐渐

---

⑤《世界银行报告》(1993 年) 和《世界银行报告》(2005 年 b)，第 78 页。

降低,继而有利于生产率的提高。根据国际收支经常账户的数据纪录,新加坡独立后的最初 20 年间,一直保持着容忍限度内的可持续赤字水平。其间,国民储蓄规模不断扩张,毫无衰减的迹象,直至达到一个超乎寻常的水平。过去 20 年,海外资产的迅速膨胀为新加坡提供了一个全新的外部收入来源,与此同时,国内经济也处于持续不断的转型进程中。

第二章,探究新加坡在 1965 年所面对的形势。这一年,新加坡获得了独立自主的政治地位。那么,这个国家的历史经历与地理条件带来了哪些优势,又设置了哪些障碍? 总体来讲,在独立发展的起点之上,新加坡是否处于一种有利的状态? 或者相反,新加坡是否利用明智的政策和制度,将手上的一把烂牌打出了胜局?

第三章,检视促进新加坡经济增长几个直接来源背后隐藏着的政策因素。在这里,我们将概括四个一般性的原则。新加坡在规划有利于经济增长的发展政策时,正是运用了这些原则,而且它们也适用于其他国家。本章还将解释一些具体的政策,如财政政策、强制储蓄的政策、货币和汇率政策、薪资政策、教育政策、医疗卫生政策、道路交通政策,等等,通过分析这些政策来体现上述基本原则的重要性。随着发展政策不断地演变、深化,它们消解了制约经济增长的诸多不利因素。此外,政府在经济增长中发挥的重要作用——那只强大的手,也是新加坡成功的一个特有因素,本章也将进行单独地讨论。

第四章,研究新加坡如何将上述好的政策付诸实施。很多国家都设计了良好的政策——有时是在外部力量的帮助下,但却没能成功地执行。与它们不同的是,在新加坡这些政策的实施得到有力的支持——离不开合适与完善的制度:良好治理、法治、运转顺畅的社会信用体系,以及它们共同造就的政治稳定。反过来，这些制度也从某些特定的社会价值观中受益，政府的治理能力亦得到提升。

第五章，考察促进经济增长的制度背后的政治经济学。在培育促进发展的制度环境时，新加坡成功了，而有的国家失败了，为什么？前者是如何做到的？一个引发思考的回答是，统治精英们发现，将经济发展的受益人群扩展到尽可能广阔的范围，将符合其自身利益。那么，其他国家又能从中学到哪些适用于本国的战略和战术原则？

第六章，将之前讨论的各方面因素糅合在一起，讨论新加坡未来可能迎来的机遇和可能遭遇的挑战。尽管新加坡民主制度的缺陷令一些西方评论家感到不安，但如何保持族群和谐、应对外来移民等，才是新加坡民众真正关心的问题[⑥]。在本章的末尾，我们将得出一些结论，也许能够为其他国家提供借鉴。

在符合专业标准的同时，我尽量做到在各个领域的读者眼中，本书都是有吸引力的。因此，一些技术性的细节将放在脚注内呈现。一些读者可能希望启动进一步的研究，包括将新加坡的成功经验与其他经济体的经历进行比较，并将我的书当作一个有效的模板。在这种情况下，脚注也会为他们提供指引。读完本书后，读者们可能会得出结论：新加坡真是一个特别的、与众不同的地方。我希望，通过向其他国家透露一些有价值的见解，这个国家将变得不再那么高深莫测。

10

---

⑥ 切里安·乔治：《新加坡：空调国度——兼具舒适与控制的政治，1990—2000》，新加坡：兰马克图书，2000年。

第一章 新加坡经济增长的来源

一、背景

2005 年,新加坡庆祝了自己作为独立国家的 40 周岁生日。在这 40 年间,地处马来半岛最南端的这个小型城市国家,人口增长至 435 万,比 1965 年独立时翻了两倍多。与此同时,其经济发展水平——如果用实际 "国内生产总值"(Gross Domestic Product,GDP)来衡量的话,则增长了 20 多倍。[①] 可见,自 1965 年以来,新加坡的确取得了令人惊叹的成功。那么,成功背后隐藏着哪些因素?在短短 40 年间,它一跃而成为一个发达经济体,又是如何做到的?

学者们研究新加坡的经济发展历史,一般将起点追溯到 1959 年。因看中新加坡重要的深水港优势和特殊的地缘战略位置,英国自 1819 年就开始统治新加坡,直至 1959 年,英国殖民者才放弃了对新加坡大部分内

[①] 除非另有说明,本章关于新加坡人口、国内生产总值及其组成部分、劳动力和失业率的数据,均来自新加坡统计局官方网站,网络访问地址为 http://www.singstat.gov.sg。

政事务的控制权。接下来，人民行动党赢得了 1959 年的大选，并保持执政党的地位直至今日。李光耀成为新加坡的第一任总理。在此后的 31 年间，这个职位未曾易人。1990 年，李光耀虽辞去总理头衔，却一直留任内阁资政。在新加坡的成功经历中，一些部门和机构曾处在最核心的位置、扮演过最关键的角色，比如"经济发展局"（Economic Development Board, EDB）和"建屋发展局"（Housing and Development Board, HDB）。它们早在 1961 年，就在殖民时代遗留的一些机构基础上建立起来了。

　　1963—1965 年，新加坡是马来西亚联邦的一部分。新加坡之所以要加入马来西亚联邦，很大程度上是出于经济方面的考虑。从国内生产总值的角度看，与马来西亚间的政治、经济联盟使市场规模扩大了一倍。规模更大，意味着新加坡的工业制成品生产——之前这一切都不得不依赖进口，将具有更好的成本效益。经济方面的另一个动机是，打造一条获取原材料的安全通道。政治方面也是如此。当时的新加坡是共产主义运动活跃的地区。不论是马来西亚还是英国，都认为有必要帮助李光耀——其实也是帮助他们自己，避免使新加坡变成"亚洲的古巴"。尽管如此，从马来西亚联邦建立的那一刻开始，这两片区域之间的族群关系就相当紧张。随着人民行动党在联邦政治事务中的雄心逐渐显现，通库·阿卜杜勒·拉赫曼（Tunku Abdul Rahman）②领导下的马来西亚政府愈发将其视为华人族群对马来人至上地位的挑战，对它的愤恨和憎恶也与日俱增。越来越多的不和

---

② 通库·阿卜杜勒·拉赫曼（1903—1990），亦译作东姑·阿都·拉曼，马来西亚政治家。1955—1957 年担任英属马来亚联邦第一任首席部长，1957 年独立后成为马来亚首任总理。1963 年马来西亚成立后，沙巴、沙捞越和新加坡加入联邦。直到 1970 年辞职，他一直是马来西亚总理。人们将他视为开国元勋、马来亚独立和马来西亚国家创设的总建筑师、"独立之父"、"马来西亚之父"，遂一般简单地用"东姑"这个王室头衔来称呼他。——译者注

谐因素最终导致 1964 年大规模族群骚乱的爆发,这为一年以后新加坡强硬脱离联邦、作为独立的国家登上历史舞台做好了准备。

二、经济增长纪录

在独立后的 40 年间,新加坡经历了非常快速的经济增长。1965—2005 年,按不变价格计算的国内生产总值以年均 8% 的速度递升。鉴于此期间新加坡的人口增长率为 2.1%,那么人均国内生产总值则平均每年提高 5.8%。2004 年,新加坡的国民总收入(Gross National Income, GNI)——即国内生产总值净收入加上新加坡的个人和公司在国外赚取的收入,达到居民人均 41 819 新加坡元,按照当时的汇率相当于 24 741 美元。对照之下,美国 2004 年的人均国民收入为 39 640 美元。[③] 尽管如此,当进行国与国之间的比较时,学者们更倾向于使用购买力平价折算的汇率,来纠正 1 美元在美国和 1 新元在新加坡的购买力偏差。[④] 若使用这种"购买力平价"(Purchasing Power Parity, PPP)计算法,2004 年新加坡的人均国民收入将处于稍高于 26 590 美元的水平。[⑤]

13

[③] 国际货币基金组织《国际金融统计》,由美国部分数据计算得出。

[④] 利用市场汇率比较各国的收入水平时,可能会产生误导,因为它们往往低估了较贫穷国家的生活水平。原因在于,贫穷国家的生活成本低于富裕国家;比如,对照在新德里和在纽约理一次发的价格,使用市场汇率就会出现偏差。这种偏差可以通过人为构建的换算率来纠正,这种换算率能更准确地反映不同国家货币在当地的实际购买力。

[⑤] 数据来源:《世界银行报告》(2005 年 a)《世界发展指标》。尽管如此,即便使用购买力平价美元来衡量,得出的结论仍要求人们保持谨慎。世界银行的数据显示,1999 年,新加坡是世界上第三位富有的国家,仅次于瑞士和美国。新加坡当年的人均国民收入超过 27 000 美元(按购买力平价核算)。到 2003 年,这一数字降至 24 180 美元(按购买力平价核算),从而将新加坡推后到了第 30 名的位置。尽管在这四年中,新加坡的实际人均国民生产总值累计增长 8%,而"居民消费价格指数"(CPI)的膨胀微不足道,其货币对美元的市场汇率也几乎未变,但新加坡在富裕程度排行榜上的位次的确下降了。

以美元（按购买力平价核算）为单位表现出的国民收入水平，也可以拿来比较不同国家之间的经济增长率。对照 107 个国家在 1960—2000 年的经济发展表现。其中，年均增速达到 7%—7.5%（按总计而非人均计算）的国家只有一个，就是新加坡。与此同时，有 16 个国家的经济增长率为 2.5%—3%，包括美国、法国和印度。

第一，新加坡与中国台湾地区、韩国和中国香港地区都经历了举世瞩目的快速增长。当然，是否位列第一，本身并不重要。幸运的是，这不是一场"赢家通吃"的竞赛。况且，将国内生产总值作为民众整体收益和福利的衡量指标，这一做法本身就有很大的局限性。所以，以上述方式定义一场竞赛似有不妥。再加上，如果在一个更近的时期内进行比较，新加坡的排位就将下降，中国和印度等国则会上升。尽管如此，由于复利的威力（power of compounding），当不同国家经济增长率之间实质性的差异维持相当长的一段时期后，将导致收入水平剧烈的此消彼长。这一点也值得关注。第二，由于没有从"追赶效应"（catch-up effect）⑥中受益，美国和英国等发达经济体在 1960—2000 年的增长速度更加放缓。第三，有些国家——主要在非洲，收入则呈现负增长。新加坡的表现和它们形成鲜明的对比。更加不幸的是，这些发展受阻的国家，人口规模却往往呈快速膨胀之势，因此在人均收入水平的绝对值上不得不承受更加急剧的下跌。

15

---

⑥ 追赶效应，是宏观经济学里对初始状况影响持续增长的描述，指在其他条件相同的情况下，如果一国开始时较贫穷，它往往比开始时就富裕的国家经济增长更快。这是因为，在贫穷国家，工人甚至缺乏最原始的工具，生产率极低，少量的资本投资就会大大提高这些工人的生产率。与此相反，富国的工人工作消耗了大量的资本，额外增加的投资对生产率只有较小的影响。对国际经济增长数据的研究也证明了追赶效应：当控制住其他变量，例如用于投资的国内生产总值比率，穷国往往增长的比富国更快。追赶效应也体现了资本收益递减的另一层含义。——译者注

第四,如果将人口扩张的因素考虑在内,新加坡的人均国民收入逐渐向美国的水平靠近——从 1965 年占美国人均国民收入的 16% 以下,增长为 2004 年的 67%。[7] 与此同时,对于那些最穷困的国家,比如曾处于中等收入水平的赞比亚和拥有巨量石油财富的尼日利亚和委内瑞拉,新加坡的成功把它们远远地甩在了身后。这也说明,放弃发展机遇将会造成多么灾难性的后果。

三、经济增长质量

在过去几十年里,新加坡始终保持着产出的增长。随着时间的推移,增长率只在极窄的区间内上下波动。与其他国家相比,新加坡的成功,一定程度上在于跨过了缓慢增长或负增长的漫长阶段。这个国家的经济一直沿着上升通道稳健扩张,仅在 1985 年、1998 年和 2001 年的衰退期,出现过短暂的中断(见图 1.1)。而且,每次低迷过后,产出增长总会呈现迅速而强力的反弹。与快速增长相伴而来的是民众福祉的增进。很多人的生活质量显著提升。可以说,新加坡的成功不仅体现在经济增长方面,还体现在社会进步方面。

新加坡人追求以适度差距、温和分化为基础的经济增长。持续的繁荣在社会成员之间合理而公正的彼此分享。通常使用基尼系数来衡量一个社会收入分配的不平等程度,它在 0(完全平等)和 1(完全不平等)之间浮动。20 世纪 90 年代末,新加坡的基尼系数达到 0.42。[8] 根据这个指

---

[7]《世界银行报告》(2005 年 a)。
[8]《世界银行报告》(2005 年 a)《世界发展指标》,表 2.7。

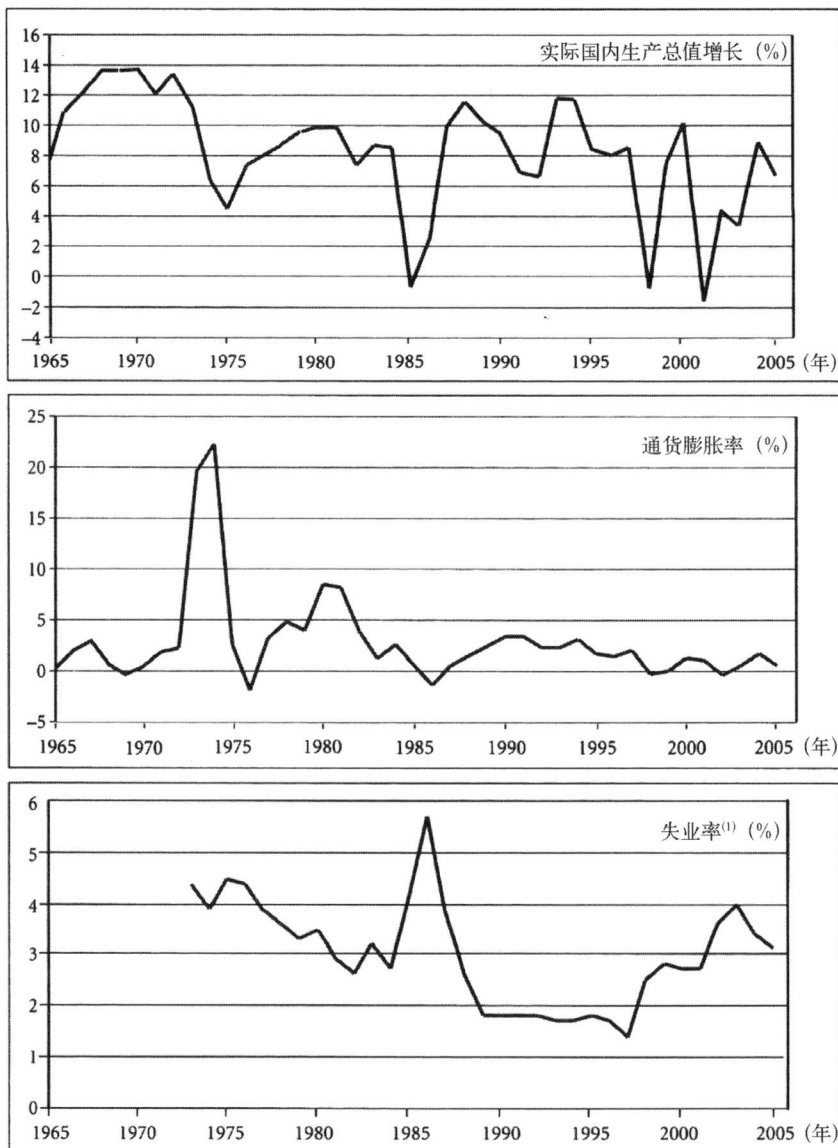

图 1.1　主要经济指标(1965—2005)

资料来源：新加坡统计局(网络访问地址为 http://www.singstat.gov.sg/keystats/hist/gdp1.html)以及"新加坡统计局时间序列在线"(Singstat Time Series Online, STS)。

[注](1)官方公布的失业数据始自 1973 年。统计方法经历过两次改变,分别为 1986 年(由年中数据转为年均数据)和 1992 年(扩充了劳动力的含义)。随着时间的推移,这两次改变实际上降低了记录在案的失业率。

标,新加坡社会的公平程度逊色于斯堪的纳维亚半岛国家和比利时——这些国家已通过再分配政策将基尼系数控制在 0.25 左右,日本也处于大致相同的水平。尽管如此,新加坡的收入分配还是比巴西等南美洲国家平等得多,后者的基尼系数接近 0.6。此外,相较印度农村等社会分层严重的地区,新加坡提供了更多、更公平的向上流动、实现阶层跃升的机会。况且,新加坡人还普遍拥有房产。政府的住房补贴计划已帮助93% 的家庭获得房屋所有权。即便是 20% 的那些最贫穷的家庭,都拥有平均资产净值达 80 000 美元的房产。不得不说,这真的是一项非凡的成就。⑨

　　近年来,从某种程度上说,由基尼系数衡量的收入不平等现象在新加坡有所增加。主要原因是不同职业领域之间的收入分配差距越来越大,这也反映出全球化的巨大影响。⑩ 20 世纪 80 年代以来的制造业升级和高附加值服务的发展挤压了对非熟练工人的需求,同时扩大了此类人群与专业技术人员和熟练工人之间的收入差距。为了吸引海外优秀人才,专业技术行业的工资一直维持着较高水平;而在就业市场的另一端,员工薪水却保持低位,因为来自境外的大量非熟练劳工不断涌入,填补体力劳动产业的需求(请见本书第三章中的"灵活可变的就业市场")。⑪ 新加坡政府力图激励劳动力再培训,甚至针对那些受教育水平极其有限的年长工人,这无疑将对政府的意愿构成很大的挑战。

---

⑨ 2006 年 3 月,李显龙总理在其《2006 年财政预算报告》中给出的数据。

⑩ 旁达里克・穆霍帕达亚、劳・巴瑙吉:《收入不平等》,载许爱智等主编《21 世纪的新加坡经济:问题与战略》,2002 年,新加坡:麦格劳希尔教育出版社,第 101 页。

⑪ G. 皮布尔斯、P. 威尔逊:《新加坡经济增长与发展:历史和未来》,北安普顿:爱德华・艾尔加出版公司,2002 年,第 263 页。

在过去 40 年间，新加坡人，包括最低收入群体的收入水平都经历了持续的增长。随着生产率的提升，工人们得到的实际平均工资一年比一年高。强劲涌现的就业机会也令新加坡的失业率降到很低的水平。1973年以来的平均失业率为 3.0%，其中最高数值为 1986 年的 5.7%，20 世纪90 年代期间则多年都保持在 2% 以下（请见图 1.1）。

居民收入水平持续增长的同时，新加坡的贫困程度亦稳步下降，绝对贫困事实上已被消灭。诸多衡量人类发展水平的指标显著改善。[12] 预期寿命从 1965 年的 66 岁，提高到 2003 年的 78 岁。婴儿死亡率（在一个特定年内每千例活产婴儿在一周岁内死亡的数量）从 1965 年的 27‰，下降到 2003 年的不足 3‰，这个比例与日本、瑞典并列全世界最低水平。此外，所有新加坡居民均可享用高标准的医疗卫生服务和清洁安全的饮用水。

新加坡的经济增长还具有环境上的可持续性。这个国家虽然人口稠密，却干净到难以置信的程度，到处都是绿色植物，也因此得到"亚洲花园城市"的美誉。工业排放物造成的水污染指标排名，新加坡位于全球最低的国家之列。[13] 然而，以前的新加坡可不是这样的。20 世纪 60 年代，人们在拥挤不堪的街道上烹调和出售食物，在又湿又热的环境中，食物很快就腐烂了，弥漫着肮脏与恶臭；人们饲养的牛群竟然还可以在市中心无所顾忌地游荡一小段时间；而猪粪则被人们大量扔入河道中，人们估计一度能有 90 万头猪的粪便被倒入各条河流中，这让河道充满了令人窒息的恶臭。从 1977 年开始，多项大型市政工程相继开工，再加上专业的知识和

---

[12]《世界银行报告》(2005 年 a)《世界发展指标》，表 2.19。
[13]《世界银行报告》(2005 年 a)《世界发展指标》，表 3.6。

技术,以及持续多年的努力和奉献,三者密切结合,才能造就如此巨变。⑭此外,新加坡还成功避免了出现像北京等亚洲特大都市常有的空气污染状况。当然,偶尔在一些干燥的夏日,邻近的苏门答腊燃烧灌木和秸秆产生的雾霾,从西南方海面源源不断地吹过来,提醒新加坡人本国环境的脆弱性,以及全世界每一个个体日益紧密的依存关系。

自独立以来,在宗教宽容、族群和谐方面,新加坡交出了一份令人羡慕的成绩单。低犯罪率令民众生活在人身安全度较高的社会环境中。集体安全感和社会凝聚力较强——民众普遍对这个民族国家抱有强烈的归属感。1972 年,喜马拉雅山脉深处的佛教国家不丹开始测算国内生产总值之外的另一个指标——"国民幸福指数"。这个指标强调文化传承、环境保护和社会凝聚力。当然,新加坡并非天堂——孩子们因不够完美的学习分数而忧心忡忡,大人们则过着快节奏、高需求的生活,尽管如此,在很多方面,这个国家的经济增长还是与生活质量的提升相伴到来。

在国际舞台上,新加坡也扮演了建设性的角色。作为东南亚国家联盟(the Association of Southeast Asian Nations,ASEAN,以下简称东盟)的创始国之一,它在塑造本地区发展环境、维护亚洲各国的和平关系、提升成员国在国际舞台上的地位——包括经济方面的地位等方面,都发挥了至关重要的作用。新加坡强烈主张多边贸易自由化,即便如此,2000年以来,它还是与美国、日本、智利等国签订了多个"双边自由贸易协定"(free trade agreements,FTAs),除此之外还有更多协定正在谈判过程中。自由贸易协定往往包含若干特惠条款,因此,新加坡将这些协定视为

19

---

⑭ 李光耀:《从第三世界到第一世界:新加坡的故事(1965—2000)》,第 13 页。

加速东盟内部贸易自由化的催化剂。

四、经济增长分解分析

在新加坡引人注目的经济表现中,都有哪些因素发挥了作用? 为了获取这个问题的答案,一个常用的方法就是将经济增长分解为几个主要的生产要素——如物质资本、劳动力等——产生的贡献率。劳动力这一生产要素一般由以下可计量的部分构成:经济活动中的劳动总时间,以及劳动力质量,后者也被视为人力资本的一种表现形式。人力资本的投入又包括提升劳动力健康水平的支出,但更常见的方式则是教育和培训。尽管如此,上述三类要素(物质资本、人力资本、劳动总时间)投入的增长,往往并不能够完整解释产出的增长。换句话说,增长的这部分并不是由三类要素的积累造成的。我们将这部分增长称为剩余项目,它通常反映了更高的全要素生产率(total factor productivity,TFP),即提高生产效率,使既存的投入转化为更多的产出。全要素生产率的提高来自技术的进步与创新,如对既有产品生产技术、方法的改进,或采用新技术、新方法生产新的商品,关键在于提升生产要素与技术结合产生的有效性。[15]

---

[15] 戴维·N.韦尔:《经济增长》,波士顿:艾迪生-韦斯利出版公司,2005年,第504页。值得注意的是,全要素生产率指的是一种明确关注至少两个生产要素的分析。它不同于通常使用的(劳动)生产率概念,后者指每个工时的产出——这只是生产的要素之一,而前者强调在更高的(劳动)生产率下额外的物质资本形成所发挥的作用。同样,全要素生产率也不同于"增量资本产出率"(Incremental Capital Output Ratio,ICOR)分析。这个概念近似于用投资与国内生产总值的比率除以国内生产总值增长率。因此,较低的增量资本产出率相当于资本生产率的提高,将超过劳动力增长的影响,而全要素生产率并不能做到这一点。

技术进步通常与"科技研究与试验发展,简称研发"(research and developement,R&D)或高精尖技术的传播紧密联系,例如 20 世纪 70 年代的新型软件、移动电话、农业绿色革命等。尽管如此,社会上其他方面的因素,也可能带来令人惊异的效率提升。这些因素包括:生产组织的改进,比如减少港口船舶周转的时间;用更聪明的方式工作从而削减各公司的运营成本;通过法制改革降低资本市场的不确定性;给予更精准的奖励或减少人为设置的障碍,将劳动重新定位至效率更高的生产活动中,比如采用更灵活的弹性薪资计算标准,或降低进口生产资料的关税;引入更多的竞争,激发员工获取新技术的动力;实施规模经济;减少使个人有利可图却浪费社会资源的活动,如挑起人民内部冲突、政治游说,以及各种类型的寻租行为——此类活动虽然实现了收入的重新分配,却并未增加社会的产出总量。[16] 全要素生产率的增长可以为负,在公司的个体层面一般是因为发生亏损,在某个生产部门或整体经济层面,则可能源于社会经济的干涸期超过常规时限,或者经济衰退导致严重的产能过剩。

当我们讨论促进一个经济体成长的贡献因素时,应将三种生产要素和提高全要素生产率的两个来源结合在一起,考虑其合力效果。可以把效率或有效性确定为第五项,这样一国收入水平的提升都能归因于上述五项因素中的一项或几项因素的增长。此外,还可以增加其他的贡献因素。因此,要认识一个国家或地区的经济增长纪录,可以将其分解,找出不同的构成因素,并汇总不同因素对经济增长的贡献率,从而对经济增长进行

---

[16] 戴维·N.韦尔:《经济增长》,第 283 页。经济租金是对生产要素的额外支付,即超出了获得那种生产要素供应所需的费用。自然资源的开采将产生租金,例如,每桶石油的生产成本低于 10 美元,售价却为 60 美元。当某些政府政策——比如颁发许可证或保护性垄断等,造成一种人为的稀缺状态时,寻租行为就产生了。

考察与分析。如果借用奥运会术语,我们可以将经济发展比喻为五项全能比赛,五个项目综合的表现,将决定一个国家或地区经济的最终总成绩。

五、对新加坡经济增长的解释

上文所述框架的一个应用结果,由表 1.1 加以总结。1960—2003年,新加坡的国内生产总值年均增长 7.8%。同期,东亚和东南亚 7 个有代表性的快速发展经济体的年均增长为 6.7%,而 21 个典型的发达工业化国家的年均增速为 3.5%。[17]

表 1.1 1960—2003 年新加坡与其他经济体经济增长来源统计

(单位:%)

	新加坡			东亚和东南亚(中国除外)	发达工业化国家
	1960—2003	1970—1980	1990—2003		
产出总量(以下各项所占贡献率)	7.8	8.6	6.2	6.7	3.5
物质资本	4.0	4.8	2.6	3.3	1.4
劳动力	2.0	2.8	1.2	1.8	0.8
教育	0.4	0.1	0.8	0.5	0.3
生产率(全要素生产率)	1.4	0.9	1.6	1.1	1.0

资料来源:埃格逊《中期增长展望》以及本书作者的计算。

---

[17] 这段数据引自高蒂·埃格逊:《中期增长展望》,载《新加坡精选问题研究》,国际货币基金组织国别分析报告第 04/103 号,2004 年,第 7—8 页。东亚和东南亚经济体代表包括印度尼西亚、马来西亚、菲律宾、新加坡、韩国、中国台湾地区和泰国。21 个发达工业化国家包括澳大利亚、奥地利、比利时、加拿大、丹麦、芬兰、法国、德国、希腊、冰岛、意大利、日本、荷兰、新西兰、挪威、葡萄牙、西班牙、瑞典、瑞士、英国和美国。

纵观新加坡 1960—2003 年的发展经历,我们可得出如下发现:

第一,在过去的 43 年里,物质资本存量的积累对新加坡经济增长的贡献所占的比重超过 50%(在 7.8% 的年均增长中占据 4 个百分点)。⑱ 1960—2003 年,新加坡的物质资本存量——现今主要包括公寓大楼、厂房、机器等固有物件——年均增加 11.3%,也就是说,平均每六年就会翻一番。以历史上的任何案例来比较,这都是一个极其高的扩张速度。我们预设一个前提,即物质资本贡献占产出总量的三分之一,劳动力的贡献占产出总量的三分之二,那么 11.3% 的物质资本存量增速乘以 0.35,就得到上述 4 个百分点的估算值(在接下来的"全要素生产率日益提高的相对重要性"一节,将进一步讨论上述计算方法)。

第二,劳动力投入的增加在这一历史时期对经济增长的贡献所占的比重超过 25%(在 7.8% 的年均增长中占据 2 个百分点)。在这里,劳动力投入增加以劳动总时间来衡量,并不因质量提升而修正数值。这一比重略高于东亚、东南亚七个代表性经济体的平均值,比 21 个发达工业化国家的整体水平高得多。劳动总时间年均递增 3%,同期新加坡人口规模则年均上升 2%。造成劳动总时间增加的原因之一,是独立初期庞大的失业人口逐步得到吸收。20 世纪 60 年代末期,随着像美国国家半导体公司等电子工业企业的扩张,流水装配线的规模越来越大。此类公司需要进行大量重复性的手工操作,为新加坡那些受教育程度较低的非熟练工人创造了很多就业机会。对劳动总时间的增加产生更重要影响的

---

⑱ 经济学家对可以在某个时间点上进行计算的存量(stock)与在一段时间内发生的流量(flow),如投资,进行了区分。存量(或存货)最初指的是家畜,而资本(capital)一词来源于拉丁语的"caput",指牛的数量单位"头"——人类社会最初的财富形式和生产要素之一。

因素是,新加坡的劳动力规模迅速扩大。这在一定程度上反映了人口的自然增长,因为每年新入职的年轻劳动力数量总是远远超过退休人员的数量。此外,劳动力市场的稀缺性,鼓励女性大量地参与进来:新加坡的女性劳动参与率从 1970 年的 28%,上升到 2004 年的 54%。外来移民以及对邻国短期工人的需求,也增加了就业者的总体数量。新加坡国内劳动力规模迅速扩张,再加上源源不绝的外籍劳工的补充,即使如此,与物质资本的快速增长相比,劳动力投入的重要性还是相形见绌。在显著的资本深化过程中,资本劳动比(Capital-labor ratio)在1960—2002 年间上升了 28%。

第三,其他三项因素合计起来对经济增长的贡献,经过分析它们所占的比重略低于 25%。其中,人力资本质量的改善——一般以劳动力平均完成学业年限来衡量,在新加坡经济增长中贡献份额占 0.4%。劳动者素质——一般以受教育程度来衡量——显著提升,这一定程度上是对劳动力稀缺状态的回应。有趣的是,就这项增长来源而言,东亚和东南亚地区的其他几个迅速发展的经济体在某种程度上都比新加坡的表现更好。在继续教育领域,新加坡一向严格遵循以考试成绩为基础的准入标准。这也是 1985 年前新加坡的平均受教育年限提升缓慢背后的原因。相较而言,有些亚洲国家则强调给更多的人更广泛的受教育机会。不过,与此相反的是,如果仅就 15 周岁及以上人口的平均受教育年限进行国际比较,可能会忽视新加坡高度的教育水平,这主要体现为在数学和科学领域取得的诸多国际顶尖的成果。⑲ 除此之外,新加坡的在职培训十分盛行。

----

⑲ 在八年级学生的数学和科学表现上,新加坡在 46 个国家中位居第一。网络访问地址为 http://nces.ed.gov/pubs2005/timss03。

很多成年人白天工作,晚上则要参加各类教育课程。

第四,全要素生产率的提高对新加坡经济增长的贡献的比重低于20%。根据以往的经验进行估算比较困难。一般情况下,我们无法清晰分辨技术进步和效率提升各自独立产生的贡献率。因此,通常的做法是,将二者的作用合并在一起,形成一个单独的指标,命名为"生产率增长"。通过残差法核算,新加坡的全要素生产率的增长,反映出多方面的影响。经济学家在解释这一问题时,通常强调制造业中先进生产技术的采用,以及进口设备带来产品质量的提高——这些设备往往蕴含着国际上最成熟的技术。此外,当众多跨国公司在新加坡大举扩张时,规模报酬的提升也有助于降低生产成本。鉴于新加坡的微观经济政策的扭曲现象仅发生于建国初期,相对于世界上其他发生扭曲现象的经济体——如1978年以后的中国,作为结构性政策变动的结果,资源将向产出收益更高的经济部门重新配置,这就给新加坡的全要素生产率留下较窄的提升空间。

综上所述,新加坡的经济增长速度之所以远超发达国家,主要得益于物质资本的高度积累,以及劳动总时间的提高。类似的差异也可以用来解释,为什么其他一些东亚国家比西方发达工业化国家发展得更快。

六、全要素生产率日益提高的相对重要性

随着时间的推移,新加坡经济增长的模式历经变革。推动经济增长的五项因素之间的相对重要性,也随之此消彼长。新加坡的经济增长速

第一章 新加坡经济增长的来源

度从 1970—1980 年的年均 8.6％,放缓至 1990—2003 年的 6.2％。(请见表 1.1)。

经济增长背后的驱动因素发生了改变。之前的几十年中,物质资本和劳动总时间的增长所贡献的比重更大;而最近几年,上述两类投入对经济发展的贡献变小了。新加坡发展初期的产出总量之所以呈剧增态势,很大程度上是众多出口导向型外国跨国公司在要素投入方面的大规模投资导致的。此外,面向大众的组屋(公共房屋)建设的高额投资也发挥了作用。然而,从长远来看,决策者必须面对的一个困境是,在任何经济体中,投入驱动型的发展模式都不可能无限期地维持下去。最终,全部"剩余"劳动力,都将转移到生产效率更高的现代产业部门。在每一个经济体中,15 岁至 64 岁的劳动人口所占的比例总是有限的。作为经济增长来源的资本投入,同样是有限的:随着物质资本存量的递增,每增加一个单位的资本,所获得的收益就会相应递减,并最终将资本的边际产量推低至零。而且,与日俱增的物质资本存量要求国家不断提升储蓄的比重,以抵偿部分因陈旧、磨损或报废折余而贬值的资本。[20]

从 1990 年起,随着教育的发展和劳动生产率的提高,这两项因素对新加坡国内生产总值增长的综合贡献上升到将近 40％(在 6.2％的年均增长中占 2.4 个百分点)。物质资本存量和劳动总时间增加所占的份额则趋于平稳。这正是一个成熟的经济体所应具备的特征。新加坡经济见证了其平均资本产出率从 20 世纪 60 年代的 1 左右,上升到 2000 年的 3 以上。而随着国家发展进入更加可持续的状态,由于先前

---

[20] 回报递减和折旧贬值,是新古典经济学增长模型的核心。提出者为 1987 年诺贝尔奖经济学奖获得者罗伯特·索洛(Robert Solow)。

在公共基础设施方面的巨额投资正在获取收益,教育的改善和全要素生产率的提升也在给予回报,投入驱动型增长终将为"高质量"型增长所取代。

自1964年以来,1985—1986年出现的第一次经济衰退,引发了新加坡经济的重大转型——向以高质量为基础的增长模式迈进了一步。这次衰退表明,当遭遇美国的需求萎缩及其产生的全球性扩散效应时,这个城市国家是如此的脆弱。此外,一些外国跨国公司撤离本地区,向那些成本更低的国家转移,也使新加坡蒙受了很大的损失。其他的影响因素还包括,大规模兴建住房导致的建筑业供大于求,以及"高薪政策"的失败(请见本书第三章"务实的政策调整与修正"部分)。为了应对上述挑战,新加坡政府开始引导企业抛弃原来简单重复性的流水线生产模式,转而进行能带来更高附加值的产业升级。金融和其他服务性行业的地位更加突出。学校教育和高层次管理也显得愈发重要。到20世纪90年代,新加坡已下定决心,必须转变成为一个以创新驱动与知识型产业为基础的经济体。受教育程度和研发水平的提升,可以说是衡量技术发展能力的两个最关键的决定因素,但在新加坡,它们的表现是落后于中国台湾地区、中国香港地区和韩国的。为此,新加坡各界协同努力,以期在人力资本形成及其生产率方面赶超竞争对手。

20世纪90年代初的一场学术争论,促使政府更大程度上依靠提高生产率和革新技术来维持新加坡经济的快速增长。大量有争议性的学术文献,如阿尔文·扬(Alwyn Young)[21](《双城记:香港和新加坡的要素积

---

[21] 阿尔文·扬,美国经济学家,曾在芝加哥大学、波士顿大学和麻省理工学院斯隆商学院任教,现任伦敦政治经济学院教授,主要研究领域为现代经济增长等。——译者注

累与技术变革》，1992 年）和保罗·克鲁格曼（Paul Krugman）（《亚洲奇迹的神话》，1994 年）的研究，提出了基于增长核算法的结论。他们将新加坡的经济发展，比表 1.1 所示还要更多地归因于物质资本的增加。阿尔文·扬发现，在生产实践中，全要素生产率作为残差项，对其他项目产生的错误非常敏感，因此其增长将逐渐接近于零。这一结论实际上暗示，有朝一日，新加坡的经济发展必将大幅度减速。因为只有全要素生产率的持续增加，而不是生产要素投入的增长，才能确保经济长期持续地发展。[22] 近十几年来，学术争论趋于平息，而问题依然存在。掩藏在表 1.1 中那些数字之下的研究方法已足够强劲，能够提供诸多更有价值的见解。[23]

七、投资与储蓄

在新加坡，物质资本快速增长，反映出这个国家高水平的净投资每年

---

[22] 一些新加坡经济学家，比如曹元（音译自 Tsan Yuan）（1986 年），使用官方数据，得出关于全要素生产率增长的悲观结论。见 G. 皮布尔斯、P. 威尔逊：《新加坡经济增长与发展：历史和未来》，第 200—209 页。

[23] 这场争论源于使用各种核算方法带来的问题：（1）在不必限定为规模报酬不变的条件下，如何确定生产函数的具体形式；（2）鉴于可利用的数据有限，且存在着不完全竞争，难以根据生产要素所占份额估算资本的产出弹性；（3）基于不同年份和质量各异的累计净投资数据，估算资本存量增长也十分困难［见高蒂·埃格逊：《中期增长展望》，第 6 页；《世界银行报告》（2005 年b），第 47 页；G. 皮布尔斯、P. 威尔逊：《新加坡经济增长与发展：历史和未来》，第 58—66 页］。倘若新加坡的资本产出弹性确实非常大——扬和克鲁格曼推断约为 0.5，而一般经济体只有0.35，那么在此方法论的简化假定下，新加坡如此快速的经济增长几乎须全部归因于物质资本存量的提高。这也暗示，作为残差项的生产率提升，其对经济增长的贡献率可以忽略不计。由于经济学家对新加坡的统计数据进行了重新解释，争论已经平息。这也更好的证明了以下结论——表 1.1 所蕴含的关于生产实践中资本产出弹性约为 0.35 的普遍假设，是正确的。［也可见弗雷德里克·吴、程章斌：《具有新加坡特色的全要素生产率：为应对住房投资和外籍劳工的冲击而进行的调整》，《新加坡经济调查》第 3 季度，新加坡贸易与工业部，2002 年，第45—55 页；谢长泰：《如何解释东亚工业革命：来自要素市场的证据》，载《美国经济评论》，2002 年 6 月，第 502—526 页］。

都在经历强劲的膨胀。尽管如此,考虑到现有资本存量的年度损耗率和报废率具有很大的不确定性,经济学家们更喜欢追踪另一个指标,即包含折旧的固定资本形成总额。该指标再加上存货的变化,就得出国内资本形成总值或投资总额。从 1965 年至 80 年代初期,新加坡的投资比例翻了两倍还多,从占国民总收入的约 20％,上升到 40％以上。[24] 私营企业将大量资本投入在工程机械、交通运输设备、车间厂房建筑,以及石油化工综合体等高成本的项目上。作为对私营企业投资的补充,政府部门大量投资于公共领域,政府早年重点关注组屋建设,后来则集中力量兴建大型基础设施,包括一个高效的现代化港口、一个机场,以及诸多道路、公共交通及电信系统,以期进一步强化私人投资的回报率。在整个 90 年代,新加坡的投资比例一直保持在 30％以上(请见图 1.2)。然而,随后在2003 年和 2004 年,投资比例却猛降到 20％以下。造成这一现象的主要原因是 2001 年的“9·11”恐怖袭击对全球的影响,以及 2003 年的“严重急性呼吸道综合征”(Severe Acute Respiratory Syndrome,SARS,即“非典型性肺炎”)造成的恐慌。当时,新加坡经济遭遇沉重打击,基础建设全线停摆、存货总量锐减。[25] 即便在这样的情况下,纵观 1965—2004 年的40 年间,无论是与其他国家相比、还是在东亚地区范围之内,新加坡的投资率仍然遥遥领先。

---

[24] 国民总收入[在早期的方法论中被称为国民生产总值(GNP)]是比国内生产总值更全面的收入衡量标准。近年来,新加坡的国民总收入变得略低于国内生产总值,因为向外籍劳工支付的工资及其进行的收益汇出总额已超过新加坡海外投资利润的流入总额。

[25] 与国民总收入相关的存货在 2003 年下降了 9 个百分点,2004 年又下降了 6 个百分点,与其他经济体相比降幅异常巨大。可能与之相关的事实是,“国内”商品出口规模——不包括再出口,也异常巨大,2005 年占国内生产总值的 105％。进口到新加坡,但并没有在当地“加工”的商品就直接再出口的商品价值(尽管可能分成不同批次、等级和类别),占国内生产总值的92％。二者合计,2005 年出口总额占国内生产总值的 197％。

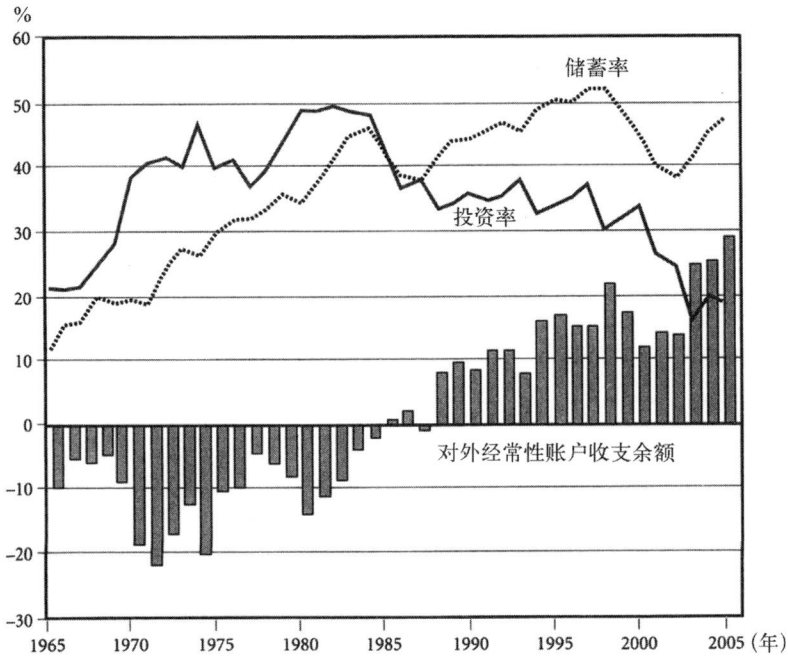

图 1.2　储蓄率与投资率（1965—2005）
（占国民总收入的百分比）

资料来源：新加坡统计局，"新加坡统计局时间序列在线"。

28　　　　新加坡的高投资率，是以高储蓄率作为前提和支撑的。国民总收入中未被消费的份额一路攀升，在 20 世纪 90 年代的部分时段内甚至超过 50％。本书关注的这 40 年间，在其中一些年份，新加坡的储蓄率居世界首位。自 2000 年以来，储蓄率平均达到 43％。全世界范围内与新加坡保持同一数量级的国家只有中国。在国际石油价格高企的年份，也只有沙特阿拉伯等少数几个石油出口国才能达到这样的水平。

　　　　1985 年以前，新加坡的国内投资额始终高于居民储蓄额，国际收支经常性账户则体现为相应的赤字。后来，持续流入的外国金融资本弥补了居民储蓄不足的部分，为国内投资项目提供资金。流入资金主要采取

"外商直接投资"(Financial Capital Inflow, FDI)的形式,表现为外国跨国公司兴建厂房、购买设备、进行企业兼并和股权收购等行为。新加坡独立之初,政府曾从世界银行等多边金融机构获得贷款,不过很快就偿还完毕。近几十年来,新加坡一直没有官方外债。

八、新加坡经济的海外扩张

1985 年是关键的一年。在那一年经济衰退的影响逐渐退却之后,新加坡政府作出了一个重要的战略决策:不论公共部门还是私营企业均被鼓励进行海外投资。这是因为新加坡的经济发展已进入成熟阶段,开始面临即将到来的供给约束局面,而在其他一些资本稀缺的国家则涌现出很多有利可图的机会,催生出一些以前没有的、多元化的收入来源。况且,净资本的流出状态还能减轻新加坡元面临的升值压力。由于长期保持贸易顺差,不断攀升的经常账户盈余为投资提供了大量资金。因此,新加坡由一个国外储蓄的净使用者,摇身一变,成了一个净提供者。海外投资的方式多种多样。首先,政府主要通过其控股公司,特别是淡马锡控股公司(Temasek Holdings)和新加坡政府投资公司(Government of Singapore Investment Corporation, GIC),将其财政预算的盈余拨出一部分,投资于某些外国企业。投资案例包括印度南部城市班加罗尔的一个信息技术园区、越南的一些酒店,以及比利时的港口设施和电信系统等。其次,鉴于经常收支账户盈余远远超出资本净流出所需,扮演中央银行角色的新加坡金融管理局(Monetary Authority of Singapore, MAS),每年都会积累巨额的官方外汇储备。年复一年,如今已经积累到相当惊人的规模。

29

最后，一些落户新加坡的高科技公司已扩张至邻近的马来西亚，因为后者的土地和劳动力成本都更低。它们在马来西亚开展制造业项目，而总部和研发部门则留在新加坡，从而实现两国的优势互补。[26] 与此同时，由于新加坡成功塑造了自身先进的技术水准和科研创新能力，流入的外商直接投资一直维持强劲的势头，对这个国家的经常收支账户盈余形成源源不绝的补充，成为持续不断的投资来源。

自 1985 年以来，由于储蓄规模一直超过国内投资规模，新加坡的公共或私有部门、企业或家庭都获得了大量外国净资产。在过去十几年间，平均而言，新加坡的对外经常账户盈余超过国民总收入的 18%，2005 年更是高达 29%（请见图 1.2）。上述状态反映出持续而强烈的积累——多年间从未间断，且数量一直很大，几乎是一个他国难以企及的苛刻过程。诚然，在 1985 年之前，新加坡的国外净资产头寸为负，但是，考虑到迅速的经济增长，过去 10 年的盈余在绝对数量上早已远远超过 1985 以前的赤字。至 2004 年底，新加坡的政府外汇储备攀升至 1 840 亿新元，相当于当年国民总收入的 105%。根据官方报告的数据，同样在 2004 年底，新加坡的国际投资净头寸，约等于当年国内生产总值的 85%。鉴于这个国家的经常账户余额数十年来越积累越多，上面的数据其实低的令人难以置信，可能反映的只是对所持资产的保守估值。[27] 展望未来，新加坡的海外净投资规模仍将不断扩大，势必为这个国家带来一个巨额的收入来源。

---

[26] G. 皮布尔斯、P. 威尔逊：《新加坡经济增长与发展：历史和未来》，第 188 页。

[27] 新加坡财政部长胡赐道(Richard Hu)(1999 年)曾在国会证实过这一思路的正确性。另可见国际货币基金组织，《国际金融统计》，2005 年 11 月，第 864 页。尽管经常账户盈余十分庞大，其他主要货币对美元逐渐升值，且国际资本市场普遍上涨，2004 年底公布的以美元计算的净值在过去两年内未曾改变。

新加坡自1985年以来的转型——从国外储蓄的净使用者变成一个净提供者，引发了一系列有趣的问题。第一，发展初期致力于造成经常账户赤字的增长策略是完全合理的；外商直接投资为迅猛的出口导向型增长提供了一个稳定的资金来源。国际收支平衡的可持续状态几乎从来没有遭到威胁。[28] 第二，与很多亚洲国家一样，新加坡过去20年的政策立场具有非常鲜明的"重商主义"色彩，反映出外国资产的持续累积，而这种累积主要是通过高储蓄造成的对外经常账户盈余实现的。当然，上述政策能否实施，一方面取决于其他国家是否愿意，另一方面则在于能否维持相应的对外收支赤字。从系统的角度看，新加坡已经到达了一个状态，按绝对值计算，其对外收支盈余的规模已经相当可观；这一点，也可以在世界经济不平衡的有序调整的背景下经过评估得出。第三，尽管新加坡的对外经常账户一直保有高额盈余，但这个国家的投资收益账户净值仍然是负值。在20世纪90年代，新加坡的国民总收入超过国内生产总值，但二者的差额在2000年遭遇逆转。从那时起，企业海外经营利润汇回和出国务工人员向国内汇款的总额，已经超过了新加坡的对外投资总收益。这一逆转意味着，在较低的国际利率环境下，这个国家越来越依赖去国外就职的工人和专业技术人员。总之，新加坡长期保持的经常账户盈余及其海外资产的收益回流，再加上众多外国公司在新加坡本土赚的钱，很可能在未来若干年间，为这个国家创造一个数额及其巨大的储蓄规模，以及一个日益增长的外部净收入来源。

---

[28] 在适当的促进增长的环境之下，对外经常账户赤字占国内生产总值的4%—6%，被视为可持续状态，此外，还取决于金融资本流入的类型和用途。韩国是可持续对外借贷的一个极端例子，1953—1980年，其净资本流入占国内生产总值的比重达到平均9%。

九、异常高的储蓄水平

很多学者都对新加坡异常高的储蓄率表现出浓厚的兴趣。计量经济学的研究强调，1970—1983年间新加坡的人口规模迅速扩大，是造成其储蓄水平大幅攀升的主要原因。[29] 处于劳动年龄（15—64周岁）的人口数在总人口数中所占比例持续上升，从1968年的56％，上升到1983年的70％，与此相伴的则是被抚养儿童和被赡养老人数量的不断下降。同时，随着越来越多的女性加入劳动力大军，生育率逐年下降。而工作机会越来越多，也造成活跃劳动人口的数量直线上升。由于需要哺育的子女数量减少，家庭收入中消费的部分减少，用于储蓄的比例则相应提高。这是基于莫迪利安尼（Modigliani）的"生命周期消费理论"（life-cycle theory of consumption）[30]而作出的一个强有力的假设。在其他东亚和东南亚经济体中，这一理论也曾得到验证。其实，以上假设具有深远的影响：对新加坡而言，在未来数十年间，随着人口老龄化的加速，其储蓄率势必随之下降。与新加坡面临的形势相反，在另一些国家，如印度和巴基斯坦，以前人口增长很快，当前则逐渐放缓，于是即将进入国民储蓄大幅增加的时期。而在孟加拉国，15岁以下人口数占总人口数的35％，他们即将加入

---

[29] 肯尼思·伯库逊主编：《新加坡：一项关于快速发展的案例研究》，国际货币基金组织非定期报告第119号，1995年，第7章。

[30] 弗兰科·莫迪利安尼（Franco Modigliani），意大利裔美籍经济学家，1985年诺贝尔经济学奖获得者，曾在伊利诺伊大学厄巴纳—香槟分校、卡内基梅隆大学和麻省理工学院任教授。他提出的"生命周期消费理论"强调消费与个人生命周期阶段的关系，认为人们会在更长的时间范围内计划他们的生活消费开支，以达到他们在整个生命周期内消费的最佳配置，实现一生消费效用的最大化。而各个家庭的消费要取决于他们在整个生命周期内所获得的收入与财产，也就是说消费取决于家庭所处的生命周期阶段。——译者注

劳动力大军。随着一代人的生育率从 6 下降到 3(生育率 3 意味着人口中平均每个女性在其有生之年可望生育 3 个儿女),刚刚走上工作岗位的人口需要抚养的子女变少了,从而使该国能够在适当的政策支持下,收割人口红利。与此形成对比的是中国,已经从人口红利中受益。新加坡的情况与中国类似,其人口赡养比率在 1983 年以来就一直保持大致的稳定。

1983 年以后新加坡储蓄率的迅速变动,还与另一个解释变量密切相关,那就是收入本身的增长。[31] 正如储蓄促进投资和经济增长,在中等收入经济体内,高速增长往往反过来也将促使储蓄率的提升。在新加坡经济迅猛发展的时期,不论是中央政府,还是企业部门,可自由支配的收入都超过必需的支出,储蓄规模自然呈现明显的扩张之势。很长时期以来,由于公众可获取的数据有限,学者们很难将公共部门与私有企业的储蓄分开计算。然而,根据 1998 年之后的数据,若将 45% 的国民储蓄率进行程式化的分解,似乎可以得出以下结论,私营企业的储蓄率大约占国民总收入的 18 个百分点,而中央政府、居民家庭和国有企业部门各自的比例平均约占 9 个百分点。[32]

作为全面的经济发展战略的一部分,新加坡政府的决策对储蓄的刺激作用也不容小觑。这是第三个因素,将成为本书第三章的主题。政府

---

[31] 新加坡金融管理局:《1965—2003 年新加坡的国际收支平衡:一项数据分析研究》,非定期文件第 33 号,新加坡:金融管理局经济学部,2004 年,第 8 页。

[32] 国际货币基金组织:《新加坡——2004 年第四条磋商条款工作报告》,2005 年,第 13 页;新加坡金融管理局:《1965—2003 年新加坡的国际收支平衡:一项数据分析研究》,第 8 页。分解部分基于新加坡金融管理局经济学家团队的内部估计。根据他们的定义,国有企业部门主要由法定机构和政府关联公司的非私有化部分组成。政府关联公司的私有股权则属于私营企业。从 20 世纪 80 年代末开始,由于法定董事会和政府关联公司实现了全部或部分私有化,国民经济两个部分的构成都发生了变化,所以公有部门的储蓄率下降了,而私有部门的储蓄率得到上升。

本身就以当期的预算盈余的方式直接产生储蓄,同时,还通过许多间接的方式提高储蓄水平。比如,政府关联公司及半官方的法定机构盈余,还有就是覆盖超80％人口的强制性储蓄计划。除此之外,相关政策还在很多方面对收入的增长发挥积极的影响,随之引发储蓄规模的扩大。良好的宏观经济环境,再加上审慎的监管体系,鼓励储蓄者们将眼光放得更加长远,并增强对本国金融体系和金融机构的信心。[33]

十、小结

(1)新加坡曾经历长期持续的高速增长。虽然其间曾因少数几次经济衰退而中断,但在高超的危机管理技巧地化解下,经济很快就出现反弹。(详见本书第三章)

(2)收入水平稳步上升。与此同时,从社会发展的前景来看,新加坡也取得了成功。

(3)经济增长由要素积累驱动,特别是快速增加的物质资本,这反映在高额的投资上。跨国公司在其中扮演了重要的角色。随之而来的是越来越多的工作机会和日益庞大的劳动力大军。

(4)过去10年间,尽管新加坡的增长速度已经放缓至一个更具持续性的状态(年均增长5.2％),但新古典主义经济学关于收益递减的忧虑,

---

[33] 学者们有时会提到第四个因素——文化。据报道,新加坡的家族企业相对封闭,更倾向于依靠留存收益进行投资,而不是借助银行借贷。另一个文化方面的解释是先辈遗留下来的根深蒂固的价值观。兰德斯《国富国穷》,纽约:W·W·诺顿出版公司,1999年,第383页),将日本的结构性高储蓄与继承自古代农民的价值观联系起来,"他为工作而生活,通过工作增加了他的财产;这就是他存在的原因"。

并没有如一些人所预测的那样出现悲观的结果。不断新增的固定资本源源不断地为经济增长提供动力。然而,随着时间的推移,人力资本形成、科技进步和效率提升,对经济增长的贡献变得越来越重要。

（5）新加坡的储蓄水平从低位不断攀升,最终达到一个异常高的状态。究其原因,既有人口的因素,也有收入水平提高和政府施加政策的作用。1985年以前,这个国家的对外经常账户一直呈现亏损,这证明赤字与高速的经济增长可以并存。以外商直接投资的方式,出口的增长持续获得融资,而且新加坡也没有出于消费目的而从外国借贷。

（6）1985年以后,极高的储蓄水平使大量的国外资产净值得以积累。这在未来若干年,应该能为新加坡提供多元化的额外收入来源。

第二章 新加坡经济增长的初始环境

任何国家在任何时候,都必须面对本国既有的地理、历史、社会和政治现实。因此,每个国家在制定和实施发展战略时,都必须从这些初始的环境出发。对照新加坡几十年来令人印象深刻的经济增长,我们来回顾这个国家在 1965 年所面临的种种复杂形势,它们究竟是促发增长的动力、抑或是难以克服的障碍呢?

一、背景

将地理位置视为国家发展的决定性因素之一,这种理论拥有悠久且充满争议的历史。有些人认为,热带地区炎热、潮湿的环境,会阻碍当地人进行活跃的体力和脑力劳动。法国思想家孟德斯鸠(Montesquieu)在 1748 年写道:"炎热国家的人民,就像老头子一样怯懦。"[1]不过,第二次世界大战以后,广大殖民地纷纷走向独立,在这些新兴国家中的知识分子总是对上述思考问题的方式予以坚决的否定。这也许并不令人惊讶。他们

---

[1] 孟德斯鸠:《论法的精神》(1758 年),托马斯·纽金特英译本,1914 年,第十四卷,第二章。

认为,类似地理环境决定论的悲观论调,是那些殖民者为其统治下的殖民地人民缺乏发展进步而给出的托词与辩解。

不过,当代发展经济学的思想确实解释了地理环境产生的一些作用。[2] 就新加坡而言,学者们考虑的地理因素包括其处于热带、靠近海洋的位置,以及本地自然资源的缺乏。

热带

热带地区面临着一些不利条件。正如戴维·兰德斯(David Landes)曾强调的,要艰难地度过炎热、潮湿的天气,人们不得不放慢工作节奏。[3] 为了保持人体的正常运转,肌肉运动产生的热量必须及时排出;而当汗水不再挥发时,冷却过程也停止了。此外,除了棕榈树等植物能长得枝繁叶茂外,一般认为热带气候并不适宜发展农业:一年到头,经常不是倾盆大雨就是旷日干旱,表层土壤遭到严重侵蚀;没有霜冻有利于携带病毒的昆虫大量滋生;各类寄生虫在炎热湿润的环境中繁衍生息,向农作物和人类传染疾病。而且,在热带气候下治愈感染,也要比在温带气候下花费更长的时间。即便处于如此不利的条件之下,新加坡还是通过排干沼泽等预防措施,设法根除了疟疾的传播。当然,革登热等流行病仍然会发生。

靠近海洋

新加坡的热带气候往往被当作不利条件,与此相反,其靠近海洋的位

---

② 杰弗里·萨克斯(《贫穷的终结:我们时代的经济可能》,纽约:企鹅集团,2005 年),强调地理环境在非洲困境中扮演的角色,特别是干旱和疟疾的影响,此外,欠缺公共基础设施和艾滋病的传播也是影响发展的因素。
③ 戴维·S. 兰德斯:《国富国穷》,第 7 页。

置则长期被认为是有利于经济发展的因素，当然，它通常以一种松散的关系发挥作用。亚当·斯密(Adam Smith)指出"海上运输比陆地运输成本低得多，这样看来，大型城市和主要文明都地处沿海地区，或者依畔适航的河流分布，就一点都不令人惊奇了"。④ 运输成本的降低刺激交换和区域专门化，催生更广阔的产品种类，从而促发市场的形成。开放有助于技术和思想的传播，从而导致产生更高的附加值和建立更有效的经济组织。

实践经验表明，一国的收入水平与其远离赤道的程度之间存在某种正相关关系。距离赤道的远近往往代表本地区的气候特点，当然只能粗略的代表，因为很多因素并未考虑进去，比如海拔高度；以及一些特殊现象，比如对西欧大有裨益的墨西哥湾流。⑤ 与此同时，某地区靠近海洋的程度似乎也与其平均收入水平相关。在一些大国的国土内部，也出现过类似的案例。比如中国，沿海区域比内陆腹地发达程度更高。当然，上述二者的联系也是十分松散的，韦尔的分析中遗漏的一些变量其实也很重要。新加坡尤其是一个例外情况。尽管如此，在本书讨论的范围之内，当我们解释经济发展问题时，因果关系毫无疑问是单向的。

能够获取和利用的自然资源对经济发展究竟有多重要？经验证据表明，自然资源的存在当然会有助增长，但它既不是必要条件，也不是充分条件。⑥ 二者之间存在正相关关系，但诸多例外情况的存在也使其在统计学上并不具有说服力：例如日本，收入水平极高但自然资源相对缺乏，与日本的情况恰恰相反的是委内瑞拉。在 19 世纪的澳大利亚、美国和阿

---

④ 亚当·斯密：《国民财富的性质和原因的研究》(《国富论》)，1776 年，网络访问地址为 http://www.econlib.org/library/Smith/smWN.html，第一卷，第 3 章。

⑤ 戴维·N.韦尔：《经济增长》，第 432—434 页。

⑥ 此句短评基于戴维·N.韦尔：《经济增长》，第 452—455 页。

根廷等国,经济增长很大程度上的确是依靠肥沃土地的充足供给实现的。然而,与此相反,有时候自然资源的可获取性实际上竟会阻碍经济的发展。所谓的"自然资源诅咒"(natural resource curse)可以表现为多种形式。第一,石油资源的发现或石油出口价格的疾速上涨,已导致一些国家以未来的石油收入做抵押大举借贷用于消费。然而,最终没有如预期那样成为现实,结果就使这些国家背上了远超本国偿还能力的公共债务。第二,如果自然资源出口导致本国货币汇率大涨,那么大量输出的自然资源就会迟滞工业化的发展,并丧失随之而来的部分利润。[7] 第三,可能也是最为关键的,自然资源带来的经济租金可能危害政治体系的健康。它很容易引发政治腐败,导致政府控制权的争夺、公共资金的转移等,后者采取的手段包括将国有银行贷款给关联方,然后违约拖欠还款(如委内瑞拉),甚至会爆发内战(如苏丹、安哥拉)或外敌入侵(如刚果)。

　　最近,一项研究为以上分析又提供了一些有价值的见解。罗德里克(Rodrik)[8]和萨布拉曼尼安(Subramanian)提供的证据表明,地理环境和历史条件,的确会影响国家收入水平,但其发挥影响的方式是间接的——通过制度的质量。[9] 为了确定可能互相影响的诸多变量之间因果关系的方向,两位学者进行了周密的检验。最终,他们证实了达伦·阿西莫格鲁(Daran Acemoglu)所强调的观点。[10] 在有些殖民地,拥有大片人烟稀少

---

[7] 这种情况有时被称为"荷兰病"(Dutch disease)。20世纪60年代,荷兰发现蕴藏大量天然气,并大量出口,随之而来的荷兰盾升值使本国制造业深受其害。

[8] 达尼·罗德里克(Dani Rodrik),土耳其经济学家,哈佛大学肯尼迪政府学院国际政治经济学福特基金会讲席教授,主要研究领域为全球化发展与政治经济学,主要理论包括"全球经济的'不可能三角'"、"经济增长的甄别"及"经济学的规则"等。——译者注

[9] 达尼·罗德里克、阿芬德·萨布拉曼尼安:《制度的首要地位》,载《金融与发展》,2003年40(2),第31—34页。

[10] 达伦·阿西莫格鲁、西蒙·约翰逊、詹姆斯·A.罗宾逊:《长期增长的根本原因——制度》,载菲利普·阿吉翁、史蒂文·杜尔劳夫主编《经济增长学手册》,阿姆斯特丹:北荷兰出版公司,2004年。

的土地,且当地气候导致欧洲人的死亡率较低(如美国东北部),永久定居者将引入欧洲式的政府管理。与此相反,在另一些殖民地,气候原因导致的欧洲人死亡率较高,然而该殖民地却具有稠密的原住民人口和丰富的可供开发的自然资源(如加勒比海地区和拉丁美洲),欧洲殖民者则将致力于攫取当地的经济剩余,而为了达到这一目的,他们将努力做出改变——事实上,是通过破坏本国原有的制度来实现的。西方殖民国家在殖民地创设的制度,往往会延伸至后殖民时代,给那些热带地区的落后国家,留下一个非常糟糕的政府,从而阻碍其经济发展。根据上述作者的观点,热带地区国家假如能设法改善其行政管理体制,它们的经济增长将免遭气候等自然因素的负面影响(请见图2.1)。

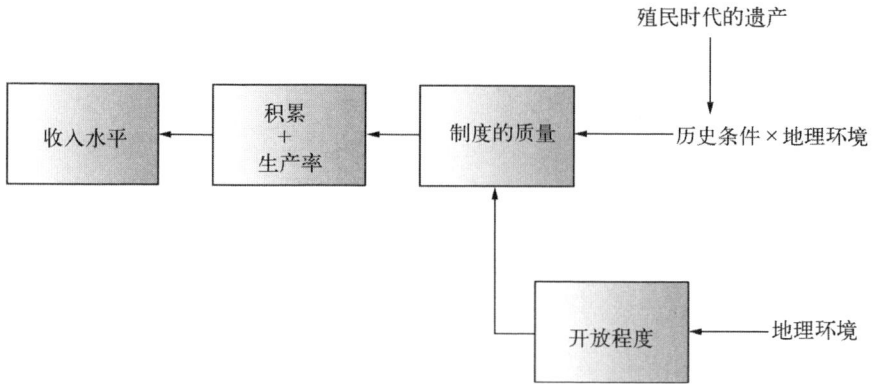

图 2.1　地理环境与收入水平的关系示意图

40　　经济上的开放性也通过良好的制度发挥有利的影响。新加坡的经历可为这些学者的观点提供佐证。

二、不利的初始条件——新加坡的脆弱性

新加坡独立之初,这个尚处襁褓中的国家面临着相当晦暗的发展前景。有大量的资料可以证实当时存在的种种不利的条件。脆弱性——无论是内部的还是外部的,都是糟糕的消极因素。新加坡的独立建国使其与马来西亚的关系陷入紧张,而马来西亚联邦的创立则促使印度尼西亚总统苏加诺挑起了一场短暂的战争,即 1963—1966 年的"印马对抗"(Konfrontasi)[⑪]。在这样的形势下,国防支出自然至关重要,但是新加坡当时的预算收入还很少。不论是食物、能源还是饮用水,新加坡都严重依赖外部世界,对进口价格冲击的感知非常强烈。新加坡没有工业和农业原料,也没有大规模的国内市场。在传统的中心辐射型贸易模式之下,这个国家一直都是主要的中转货港。现在,印度尼西亚和马来西亚都在寻求一条绕过这个城市,直接从本国的港口出口椰肉和锡等原材料的通道。新加坡被迫暴露在经济民族主义的可怕伤害之下。

从新加坡国内来看,则存在共产主义运动、教派冲突和激进工会势力的威胁。失业率至少达到 10％且住房短缺严重。这个新生的国家面临着一项艰巨的任务,就是在各种族群移民之间创造一种民族认同感。当时的新加坡,人口受教育程度极低。20 世纪 50 年代,火热、紧张的政治

[⑪] 印马对抗(印度尼西亚—马来西亚对抗,在印度尼西亚和马来语中也被称为 konfrontasi),是 1963—1966 年,印度尼西亚与马来西亚之间主要关于婆罗洲岛未来归属的一场未宣布的战争。冲突的根源在于印度尼西亚反对建立由英国前殖民地和保护国组成的马来西亚联邦。得到英国支持的马来西亚在战场上取得优势。苏哈托上台后,冲突强度减弱。1966 年 8 月 11 日,两国签署了和平协议,印度尼西亚正式承认马来西亚联邦。最终,马来亚、沙巴、沙捞越留在联邦之内,而新加坡与文莱则与联邦分离。——译者注

气氛帮助新加坡获得独立，也导致社会矛盾严重激化。无论是共产党领导的工会还是其他派别团体，都十分激进好斗、富于对抗性。他们不考虑如履薄冰的企业财务，一味向雇主施加压力。与中国香港地区不同，新加坡并不存在从事制造业的本土实业家。激进主义的威胁持续存在。在外部力量的鼓励下，"马来亚共产党"（Malayan Communist Party，MCP）决心，一定要"解放"马来西亚和新加坡。此外，族群主义骚乱也引发了恐慌。总之，在与马来西亚分离之后，展望未来，一切看起来都糟糕极了，任何对前途的预期都实在令人沮丧至极。对此，时任新加坡外交部长的信那谈比·拉惹勒南（S. Rajatatnam）评论道，无论是在政治上、经济上还是军事上，新加坡存活下来的可能性都接近于零。[12]

三、有利的初始条件

以更长远的眼光来看，新加坡所处的战略位置和拥有的天然深水港，是 1965 年这个新生的国家所拥有的至关重要的发展优势。位于印度洋与太平洋之间，恰恰处在世界首屈一指的东西方贸易航道之上。新加坡在经济起步阶段，扮演的是贸易中转站的角色。它从邻国进口橡胶、锡和棕榈油，加工后再进行出口。自由贸易政策帮助这个国家发展成为一个繁荣的国际贸易中心。到 20 世纪 50 年代，诸多与贸易相关的行业——如航运、保险、银行和通信基础设施等都已得到发展。到了 1960 年，新加

---

[12] 2006 年初，新加坡在一场庄严而肃穆的国葬中，向这位开国元勋告别。他被认为是新加坡多元文化主义的奠基者。

坡虽仍带着浓重的乡村气息,但与 1819 年莱佛士(Raffles)⑬发现的那个小渔村相比,已经进步了许多。新加坡的商业传统,培育了商人之间彼此互利的处事态度、不同族群人士跨文化打交道时的便利性,以及一种与生俱来对商机的敏锐感——善于开发和利用贸易机会及其他形式的对外联系。这种商业传统还向新加坡人灌输了奋发的动力和进取的精神。与此相反,在乡村的农业社会,季节性的生活节奏与自然时节紧密相连,社会分层和固化倾向明显,不太可能产生这样的商业传统。

20 世纪 50 年代,尽管独立的呼声甚嚣尘上,新加坡却仍从强大的英国殖民遗产中受益。它是大英帝国在整个东南亚地区的行政、商业和军事中枢。英国殖民者遗留下来的,包括一个运转顺畅的公务员体系、一套支撑法治的政治与司法制度,再加上一批本地区最好的学校,源源不断地将毕业生输送到剑桥大学和牛津大学。英语仍然是一个有利于团结的因素。人们普遍使用英语作为工作语言,国内投资更加便利,且使新加坡在随后的全球化进程中处于优势位置。在这里,殖民主义的终结并非通过一场苦涩惨烈、你死我活的独立战争实现;在这里,殖民主义也没有像在其他地方那样,掠夺式的开发当地的自然资源,从而催生阻碍增长的制度体系。

42

在新加坡独立建国时,其大部分居民正处于相对新近的移民状态,这

---

⑬ 托马斯·斯坦福·莱佛士爵士(Sir Thomas Stamford Bingley Raffles,FRS,1781—1826),英国殖民时代的政治家、英属爪哇副总督(1811—1815)和明古连总督(1817—1822),因创立英属新加坡和马来亚而闻名,曾在拿破仑战争时期从荷兰和法国军队手中夺取爪哇岛大片土地,促成了大英帝国的扩张。1819 年 2 月 29 日,莱佛士在马来亚半岛南端的一个岛上,建立了一个自由贸易港,即是今日的新加坡。此后,他对于新加坡的开辟、建设、法制制定和长远的规划蓝图都做出了相当多的努力,让新加坡从一个落后的小渔村发展成为世界上重要的商港之一。——译者注

也可以被看作一种优势。作为一个年轻的国家，主要由第二代或第三代移民组成，即使马来人族群有正当的理由以先来者自居，新加坡人也没有因陈词滥调的歧视和不公，产生内部的裂痕。诚然，19世纪的新加坡曾大量使用非熟练劳动力，但这并未演变成根深蒂固的阶级对立。这个国家争取独立时，也没有爆发像越南、印度尼西亚和阿尔及利亚那样惨烈的战争。可以说，新加坡既没有殖民地经历留下来的创伤，也不必经过随之而来的治愈创伤的痛苦过程，所以对这个国家来说，锻造一种集体性的"向前看"的意识要容易一些。与此相反的例子是加勒比海地区的国家，那里曾通过奴隶贸易大举引入非洲人口。新加坡民众并未共享一个漫长的、统一的历史经验，再加上它又是戏剧性地突然完成了独立，这可能有利于政治领袖重新定位一个全新的、自主的国家。传统华人社会对权威的尊重以及华语精英阶层的存在，可能也有助于建国领袖们引导这个新生的国家走向预先设定的目标。作为一个华人族群占人口多数的城市国家，新加坡更深刻地认识到不同族群之间妥协、共存的重要性，而且，可能比世界上其他地区更容易接受即将到来的跨国公司和外国劳动力所施加的有益影响。在这里，人们的观点、态度可能更具可塑性。比起在安定环境中生存的人们，新加坡人具有更强的灵活性，随时准备改变本国的制度。移民已经离开了他们的家乡，因此更愿意抛弃旧有习惯，且不容易对外国人产生畏惧或者憎恨的情绪。他们往往能够更敏锐地感知正在到来的机会，更加渴望抓住经济机遇，从而一举摆脱殖民时代遗留下来的贫穷、落后的状态。

四、中性的初始条件

还有一些因素,同时兼具积极的一面和消极的一面。我们很难判断,这些因素对新加坡经济起飞究竟曾发挥过怎样的影响。

高额的初始人均收入

新加坡赢在了起跑线上。1965 年时,按照市场汇率换算,这个国家的人均收入大约是马来西亚的 2.5 倍,在本地区排名第二,几乎是印度尼西亚和印度的 10 倍。[14] 较高的人均收入水平反映了这个城市国家作为一个生机勃勃的国际贸易中转站、行政和军事中枢的地位。尽管如此,有利的初始制度条件催生的高收入,其本身对后来的经济增长而言,并不是一个确信无疑的积极因素。当发展到一定程度之后,在其他条件一致的情况下,初始收入水平越高,维持高增长率就越难。当经济体系走向成熟之后,它将失去很多较为容易的增长契机,因为这些契机往往来自对现有技术的复制和生产组织效率的提升之中。除此之外,随着资本存量的增加,每增加一单位的资本的生产率将会降低,且更大比例的储蓄总额将只会替代已经贬值的现有资本,不再对产出发挥作用。这便解释了,如果讨论未来 10 年至 15 年的潜在经济增长率,学者们对新加坡的预期将低于

---

[14] 1965 年,新加坡的人均收入为 1 567 新元,按当时的汇率计算,相当于 512 美元。以购买力平价计算,按 2000 年的市场价格,1965 年新加坡的人均收入约为 2 750 购买力平价美元。值得注意的是,如果使用购买力平价汇率,印度和印度尼西亚人均收入与新加坡人均收入的比例将从 10%降至 5%。数据依据:新加坡统计局网站;世界银行,世界发展指标;《联合国国民核算和统计年鉴》;《联合国亚洲和远东经济调查》。

印度、越南等这类国家。与此同时，我们并不能否认，相较于那些苦苦挣扎在生死边缘的经济体，新加坡在 1965 年的收入水平对其储蓄和投资是十分有利的。

狭小的国土

新加坡紧凑的领土规模既是优势也是劣势。积极的一面是，这个国家只如一个城市般大小，使得其基础设施和公共事业建设的单位成本较低。相对于那些幅员辽阔、地理环境多样化的国家，人口集中居住有利于医疗保健等社会服务的提供，民众之间也更容易达成共识，并实现良好治理。城市里各种设施健全，生活便利、娱乐丰富，往往能吸引更多的外商直接投资和为之服务的海外雇员，这些对城市的发展都是必需的。任何地区，如果人口稠密，一般都有利于商品交换、文化交流和产业专门化。在新加坡，即使遭到裁员，也不需要迁徙到其他地方，由于公共交通系统的存在，他们可以在任何地方再找一份工作，而不用更换住房。而且，大量跨国公司一旦入驻，新加坡的失业率就可能急剧降低，因为直到 1973 年，跨国公司的经营规模已令它们有能力吸收 10% 的劳动力。当然，这一比例，如果按绝对人数比较，仍比其他大国低一些。还有一点，小型国家往往缺乏可耕地，农业开发的空间十分有限，因此，一般将发展重心放在服务业上。

新加坡超级迷你的国土面积也带来了消极的影响。疆域狭小意味着土地稀缺，使得住房价格从一开始就超出了大多数人的承受能力。还有一种说法，称这个国家的人口数量并未达到最理想的规模。有些学者认为新加坡在某些专业领域没有形成充足的科学家队伍，以创造类似硅谷的协同增益效应。这个国家有限的人力资源要求它不得不面向更广阔的空间招揽人才,比如外交官。还有一个因素是该国狭小的国内市场,当然这是一个强调出口替代局限性的陈旧观点了。与此密切相关的就是另一个不利因素——狭小领土上自然资源的匮乏。更关键的是,小型国家在经济上更容易受到全球发展的影响,无法避免外部力量的冲击。

不论是积极的方面还是消极的方面,国土面积似乎都不会扮演决定性的角色。国内市场狭小造成的局限可以通过贸易开放来克服。很多类型的自然资源都可以进行跨境运输。事实证明,捉襟见肘的疆土对新加坡来说并不是一个彻底的负面因素。但是,狭小的国土对一国的快速发展,既不构成必要条件,也不构成充分条件。1978 年以来中国的崛起表明,一个幅员辽阔的国家,也能造就经济的迅速增长,当然,这绝非易事。另一方面,其他一些小型发展中国家的表现,也没能像新加坡那般出色。

45

自主权

一个城市,同时还是一个主权国家,这是一种与生俱来的优势吗?作为一个独立的城市国家,新加坡可以根据环境的需要灵活自主地设计本国的政策。制定这些政策的初衷,都是为经济增长服务。如果能实现初衷,那么勾画本国经济与政治未来发展蓝图的能力,无疑堪称一种优势。作为一个小型主权国家,新加坡能够对新的挑战做出敏锐的反应,并展现强大的应变能力。新加坡的发展政策是以法治为基础的。与其他城市不同,新加坡作为主权国家能够控制来自内陆地区的移民——既包括外来劳工的数量,也包括其素质。它还可以决定,是否给予临时来工作的劳工享受新加坡社会福利的权利。新加坡通过外来劳工向其家乡汇款的方式,实现向周边贫困地区的收入转移,而一个国家从内部较富裕的地区进行的收入转移,则通常要求以政府预算的方式进行。因此,很多人认为新加坡的独立实际上是一桩严密伪装的幸事。从马来西亚分离出来,令新加坡在很多方面大受裨益,比如,出口收入转移减少了,同时马来西亚的资本和人才却大量流入。不过,尽管不得不遭受收入转移的损失,马来西亚的经济增长表现可能也并未因此受到影响。(在本书考察的视野之外,存在一个十分有趣的反事实推论:假如新加坡没有独立,而是继续留在马来西亚联邦内,那么马来西亚的经济发展,将会更弱还是更强呢?)

　　尽管如此,对小国而言,取得主权国家的地位并非能解决一切问题的灵丹妙药。它可能只在有些国家行得通。例如,卢森堡经常被列为世界上人均收入最高的国家。它之所以能成功地获取这样的地位,部分原因是在监管和税收优势基础之上创造了一个专业化的金融市场,以及成为欧盟部分机构的所在地。然而,其他一些小型的独立海岛国家并没有经历成功的发展。例如,加勒比海岛屿国家多米尼加和圣卢西亚,国土面积与新加坡相近,但经济增长率和收入水平却低得多。上述案例再次证明,对新加坡而言,国土面积大小曾发挥的积极作用远没有其他因素重要。

五、结论

　　新加坡经济增长的初始环境,既包含不利的因素,也包含有利的因素。人们往往倾向于逞后见之明,再加上曾见证过去40年间这个国家令人惊叹的成功,可能会得出结论,新加坡刚刚诞生时所面对的形势,总体来讲是利大于弊的。然而,优越的地理位置、良好的历史遗产以及以新移民为主的人口构成,并不足以确保其后来一连串的经济发展成就。

有一点是明确的,新加坡抓住机会,成为一个具有独立主权地位的城市国家,从而得以最大程度地利用在起跑线上就获得的领先优势,发挥自身特点,同时又竭尽全力、明智而巧妙地克服外部和内部的诸多弱点和缺陷。

为了克服地理环境和历史条件的不利因素,新加坡很早就实现了向出口导向型经济增长模式的转型,这主要是在国内优势领域基础之上,通过外商直接投资实现的。新加坡设计了一整套经济发展战略并诉诸有效的实施,主要得益于克服了地方社群主义的离心倾向。从而,失业、住房短缺、劳动者受教育水平低等问题也都迎刃而解。

每次危机都鞭策新加坡采取一个新的前进方向,如 1967 年英国宣布撤军之后的情势演变。机会是创造出来的,它们并不会突然出现。以下这个例子充分说明了这一点。20 世纪 90 年代初期之前,新加坡的外汇日交易量位居全球第四位,仅排在纽约、伦敦和东京之后。其实,新加坡在 1965 年就拥有了实现上述成就的有利基础条件。它已拥有商业银行,有从事地区贸易的经验,有支撑市场运行的法律体系,以及正好位于一个便利时区的地理优势。新加坡政府抓住了一个绝佳的契机,在每天晚上美国旧金山交易所关闭之后,到第二天早上瑞士苏黎世交易所开张之前,开展国家银行业务,第一次实现了 24 小时不间断的全球交易。1968 年,新加坡政府邀请美国银行建立了一个亚洲货币单位,使用美元等硬通货进行交易。此后,新加坡政府还致力于确保后续补充政策全部落实到位,以促成进一步的发展,如:保持货币体系的稳定以给投资者注入信心;采取稳重的银行监管及管制规定,树立严谨合规运营金融中心的声誉;在商

47

业争端中坚持维护法治;等等。

　　新加坡虽具有至关重要的优势,但也有天然存在的劣势。然而,劣势却被完全克服了。早在 1902 年空调就已发明,但直到 70 年后,经历了经济快速增长的新加坡人才买得起它。空调击退了炎热和潮湿,使这个城市变得四季宜居,并提高了工厂车间和办公室里的劳动生产率。较高的储蓄使政府有能力进行更大规模的投资,包括填海扩岛:从 1960 年至 2005 年,填海筑地工程使新加坡的国土面积增加了 20%,为工业生产、航空和陆地运输、住房兴建和户外休闲娱乐设施的建设创造了优质的空间。[15] 国家富裕程度的提高还为根除疟疾提供了手段,从而令全民的健康水平大幅改善。通过良好的治理,新加坡将狭小的国土面积变成了一个正面的优势条件。领土紧凑有利于医疗卫生服务的扩展,而大国则不得不处理偏远地区就医难的问题。新加坡之所以成为全世界五岁及以下儿童死亡率最低的国家,明智的政策发挥了不可或缺的作用。[16] 新加坡独立建国之初,各行业内部激烈动荡,劳资关系无疑成为一个破坏性很大的负面因素。正如李光耀所言:"1962 年以前,新加坡充斥着永不停歇的罢工。到 1969 年,一次罢工也没了。7 年来,劳资关系发生了深刻的改变。"[17]明智的政策和合理的制度克服了一些不利因素,促成了良性的发展。这方面的内容,我们将在后面两章中进行讨论。

---

[15] 新加坡的国土面积由 1990 年的 580 平方千米增加到 2005 年的 699 平方千米。预计到 2030 年将进一步增长至 733 平方千米。数据来源:http://library. thinkquest. org/C006891/reclamation. html。

[16] 《世界卫生组织报告》(2006 年),附表 1。

[17] 李光耀:《从第三世界到第一世界:新加坡的故事(1965—2000)》,第 103 页。

第三章　促进经济增长的政策

自 1965 年以来，新加坡取得了举世瞩目的发展成就。在本书第一章，我们认识了推动新加坡经济增长的五项直接因素。其中的两项因素——物质资本形成和劳动力投入，曾发挥过异常强劲的作用。然而，随着时间的推移，它们的作用开始减弱，并逐渐为其他因素所取代——包括不断提升的劳动生产率，以及对教育提升人力资本的重视。国民总收入中被转移至海外投资领域的份额越来越大，为国内生产提供了一个额外的收益来源。

在上述经济增长最直接的推动因素背后，还有哪些推进力量，这将是我们讨论的下一个问题。如果说高度的资本形成强化了一国的增长潜能，那么，又是什么驱动了高度的资本形成？具体而言，经济政策的优化，是否一定能带来更快的经济增长？宏观经济政策和结构性政策如何影响大量物质资本和高水平储蓄的形成？相关政策是否成功促进了不断攀升的劳动参与率和不断扩大的移民总量？新加坡的劳动生产率最初增长缓慢，后来则突飞猛进，政府的鼓励行为在其中扮演了什么样的角色？本章主要研究，在过去 40 年间，为了刺激本国的要素积累和生产率提升，新加坡的公共政策是如何发挥作用的。

在财政、货币和汇率政策方面,新加坡政府的目标是确保宏观经济的稳定向前。低通胀率和新加坡元的价值稳定,逐渐为外国投资者和本国储蓄者注入信心。与此同时,通过保持价格的相对透明,促进资源配置更加高效。在 40 年的发展中,新加坡的通货膨胀率一直维持在平均 3% 的水平,只在 1973—1974 年世界石油危机期间,出现过一次尖锐的峰值(见图 1.1)。同一时期,非洲国家的平均通胀率达 25%,南美洲国家甚至更高,比较而言,新加坡的通胀率要低得多。相对于其主要贸易伙伴的货币——包括美元、日元和欧元——上述货币的汇率往往是相互联系的,新加坡元的货币对外价值一直较为稳定。

在结构性政策方面,新加坡选择开放市场,并将本国的贸易与资本流动整合进更广阔的全球经济体系之中。当外商直接投资在世界上的其他地方四处碰壁时,在新加坡却受到欢迎和鼓励。早期的进口替代政策不能令人满意,政府很快就转向推动出口导向型工业化。与此同时,鉴于每十年都会出现的全新的竞争与挑战,政府还实施相应的政策,鼓励企业不断进行重组和调整,向具有更高附加值的工业部门和服务业领域进军。教育和在职培训为提升人力资本发挥了至关重要的作用。公共医疗卫生政策则具有成本效益,支撑着经济增长目标的达成。功能完备且运转良好的劳动力市场则有助于保证资源的有效配置和社会的安全、稳定。

20 世纪八九十年代,世界上的许多国家都曾制定全面的宏观经济稳定和结构调整战略。这些国家的目的是推动本国经济走上快速的发展道路,不过,这往往是它们陷入严重的经济失衡、无法顺利融资之后才做出的举动。世界银行和国际货币基金组织等多边机构均支持此类政策、战略的实施。结果呢? 的确有一些国家的政策规划取得了成功,但更多的情况下,其效果却往往并不像预期中那么美好。[1] 通常的一个原因是战略执行不到位。还有些国家制定的经济战略本就显得不够自信,或缺乏雄心壮志,未能集中力量精确打击那些约束增长的不利因素,或者忽略了现存的制度条件。现在回头来看,这些经济战略其实从规划阶段就已注定了失败的结局——它们根本不可能起到促进增长的作用。

新加坡政府每每在作出重大战略决策前,都会经过众多研究小组和专家委员会广泛的讨论与咨询,试图借鉴别国成功经验的同时,也从他国的错误中吸取教训。不过,新加坡的经济增长战略仍可称得上完全是在本土孕育和成长的。1960 年,荷兰经济学家阿尔伯特·温思敏(Albert Winsemius)博士曾率领一个联合国开发计划署(United Nations Development Program,UNDP)的代表团前往新加坡,在之后的若干年间,这支专家队伍一直在为新加坡的工业化和经济发展献计献策。同时,国际货币基金组织也定期向新加坡提供咨询服务——就像它为其全部 184 个成员国所做的那样,不过,新加坡是其中少数几个从未从国际货币基金组织吸纳财政资源的国家之一。

在本章中,我们将回顾新加坡在不同领域规划和执行的各项经济政策。在生产要素的大规模积累和生产率提升的过程中,强大有力且持之以恒的经济政策起到无比重要的支撑作用。我们并不会逐一描述各领域经济政策的具体细节,而是试图提炼并整合政策体系中那些最显著的特征。本章的焦点,将是挖掘那些具有广泛适用性的基本原则,并探讨这些基本原则如何在新加坡的特殊环境下有效实施。围绕基本原则下的政策设计来讨论,有助于将新加坡的经验与其他国家的发展历程进行比较。

---

[1]《世界银行报告》(2005 年 b),第 7—10 页。

一、预算约束必须遵守的纪律

新加坡是一个崇尚纪律的社会，整洁有序的环境和人民的勤勉工作就是明证。放眼世界，竞技体育和文化艺术领域推崇自律，是因为纪律能带来良好的成绩和卓越的表现。在经济活动领域，纪律并不受人欢迎，但是，新加坡的情况却恰恰相反。纪律渗透政府财政管理的方方面面，在过去 20 年中，除了仅有的一年例外，其他年份均有盈余。[②] 遵守纪律的另一个表现是国家经济中私营部门的高储蓄率，以及相应的低消费率。那么，经济政策是如何助力公共部门和私营部门形成高储蓄的状态呢？此外，纪律还是新加坡薪资政策的核心。除了 1980 年前后的几年，这个国家一直试图将雇员薪水的增长限制在劳动生产率增长的范围之内。

健全的财政管理

在新加坡极其可观的储蓄规模中，财政政策导致了其中相当大比例储蓄的形成。由此产生的大量资源被引导至基础设施、住房建设和人力资本形成等领域，最近几十年则被更多地用于海外投资。可以说，财政政策在海外和本地投资者中间消除了不确定性，为金融体系的稳定打下基础。它还实现了大量基础设施的配套完善，增强了私营项目的盈利能力，从而激发私人投资"竞相涌入"。税收政策的目标虽然在于增加财政收入，但也成为构建激励体系的主要工具，从而支持政府的经济增长和社会发展战略。

---

② 如下文所释，官方，也就是政府的计算方法着眼于"主要运营收支差额"这个变量，而不是综合差额。如果采用官方的方法，预算赤字会更加频繁地出现。

新加坡力图保持充足的预算结构性盈余反映出其财政管理上的保守主义倾向。1988年以来，政府的财政收支总额每年都呈现顺差状态。合并账目报表包含政府内部法定委员会的运营状况，但并不对外公布；然而，这一限制并不会影响以下分析的有效性。最近，一项由张炳熙（Jang Byung Kyoon）和仲林真一（Shinichi Nakabayshi）进行的研究（2005年）计算得出，从1990年至2001年，新加坡的年均财政预算盈余约占国内生产总值的10.6％。他们的研究及本章对其的讨论，遵循国际货币基金组织的政府财政统计（Government Finance Statistics，GFS）方法，将关注的重点放在"综合差额"这个概念上，由此估算出一国财政的整体支出。这个概念，相当于用中央政府的宏观经济储蓄减去投资而得出的差额。尽管如此，新加坡政府倾向于使用另一个更狭义的指标，来衡量自身的财政预算状况。这个官方采用的方法计算出的预算盈余较低，事实上，它在某些年份甚至显示为赤字。究其原因，它排除在外的一些财政收入项目（资本收益和一部分政府固定资产的投资所得）超过了它遗漏或省略的支出项目（政府对外借贷净额、政府债务需要支付的利息，以及向社会捐赠基金的转移等）。③

53

严格的公共花销，特别是当前严格的政府支出，奠定了新加坡强硬预算约束的基础。与很多发展中国家不同，在新加坡的财政预算中，有些消耗和负担是不存在的，比如公共事业的亏损，以及对石油产品、电力消费和食品生产等项目的一般性补贴。新加坡政府的公共债务需要支付的利

---

③ 新加坡政府作出这样的指标定义，无疑十分精明。它既出于政策的目的，即促进高额净储蓄的代际积累——年复一年，盈余全部加入政府储备；也出于政治的目的：当局由此就可以理直气壮地宣称，用这种方法计算出的"盈余"的一部分正"通过发展基础设施而回馈至经济中去"，或"在医疗和教育领域与低收入群体分享"，抑或征税所得的一部分"已通过转移经济增长红利返还给人民"。

息相当的低,这主要是因为新加坡政府没有外债,国内借贷也控制在一定范围之内,仅限于为国内资本市场设定基准利率而发行的有价证券,以及政府从中央公积金中的借款,这部分资金一般用于再投资或转借给其他代理机构(详见本章"企业部门和家庭的高额储蓄"部分)。新加坡政府还竭力避免发生代价高昂的金融危机。1997 年的印度尼西亚和 2000 年的阿根廷都曾发生过类似的不幸事件,结果,两国的公共债务一度攀升至国内生产总值的 55％,随之而来的则是持续多年沉重的利息负担。④

与经济合作与发展组织(Organization for Economic Co-operation and Development, OECD,以下简称经合组织)的很多成员国不同,新加坡并不需要巨额花费的福利项目:从 1990 年至 2001 年间,政府用于社会保障的支出总计,平均不超过国内生产总值的 1％。相较而言,在典型的经合组织国家,福利项目所占的比例一般为 13％。新加坡也没有要固定支付的社会保障项目。⑤ 在这个国家,人们认为赡养老人首先是个人和家庭的责任,其次还有社会慈善团体,国家救济往往是最后走投无路时才试图诉诸的手段。新加坡也没有正式的失业保险计划:一个人如果丢了工作,他(或她)主要依赖的将是以往的存款或家庭的供养。如果上述支持都不可得,政府将提供一个社会安全网作为最后的兜底,但受助者必须接受严格的支付能力调查。新加坡的目标,是将本国建设成一个富有同情心的社会,前提是社会福利的受益者必须根据自己的实际能力付出相应的努力。扎根基层的社区关怀项目,迎合了那些暂时遭遇经济变故的

---

④《世界银行报告》(2005 年 b),第 102 页。
⑤ 有权享受公共养老金的群体仅限于以下几类:在行政和司法部门拥有职位的人、高级公务员和军官。

54

人的需要,也会照顾长期处于贫困状态者,目的在于防止社会底层民众毫无指望的自生自灭的倾向。在 2001 年的经济衰退中,政府决定退回部分房租和公共事业缴费,解决了很多失业者的燃眉之急。此外,他们还得到一笔临时性的特别援助金,虽然数额有限,但可以自由支配。

尽管如此,出于对破坏职业道德的担忧,新加坡政府一直拒绝引入津贴福利项目,转而强调有利于创造就业机会的职业再培训和激励措施。这便是为什么,2006 年的财政预算中增加了老年低收入者的工资,条件是受益者至少在一年中的部分时间内处于被雇佣的状态。显然,给予此类人群收入补贴是为了奖励他们的努力,并鼓励他们继续保持自立,在这个经济高度发达的社会里为了生存艰苦奋斗,不要因为收入微薄就放弃工作。财政激励措施可以理解为负所得税,尽管它同样要求受益者必须拥有一份工作。各种类型的一次性奖金并非永久措施,因为新加坡政府希望先研究其可能带来的影响再做后面的安排。

在全部现行财政支出项目中,新加坡政府最重视公共住房、教育和医疗卫生领域的经费。这些项目可以理解为,对人力资本和社会资本投资起到积极作用,因此成为政府的优先资助领域。即便如此,当我们发现新加坡在医疗卫生方面的公共支出如此之低时,还是不免感到震惊。1990—2001年,政府在这一领域的总花费,仅占国内生产总值的 1.2%,而经合组织成员国的平均比例为 6.4%。然而,由于新加坡拥有一个高效运转的医疗卫生体系,使得它能以相当低的成本,提供高质量的服务。在此方面,它比很多发达经济体都做得好(详见本章"医疗卫生体系"部分)。新加坡正是这样,在公共花销极其有限的前提之下,产生了较高的社会和政治效益。

对新加坡政府来说,作为外交政策坚实后盾的国防支出具有战略优先的地位。考虑到本国的弱点和缺陷,新加坡的国防支出高达国内生产总值的 5%。按照国际标准来衡量,这是一个相当高的比例。新加坡人感觉自己生活在一个不安全的地区,这里在历史上确实发生过种族暴动,政府使用暴力实施了严厉地镇压。新加坡的国防政策是,时刻做好自卫战争的准备,有任何风吹草动就立刻行动。不过,即便是军事方面的支出,也完全具有经济上的合理性。装备精良的现代化威慑力量减少了不确定性。军队也承担了教育计划,包括派优秀军人出国进行工商管理和公共政治学科的深造。他们中的很多人留学归来都会像现任总理那样进入政府,还有一些人则开启商业生涯。新加坡所有年满 18 岁的男性公民和永久性居民都要服两年兵役,这构成公民军队的基础,也有助于增强国内不同族群的凝聚力,从而促进社会与政治稳定。

　　总体而言,新加坡现行政府的财政开支总额是相当低的——有些人可能会说低过头了。1990—2001 年,政府财政支出占国内生产总值的比重为 14%,而经合组织成员国的中位数约为 35%(图 3.1)。尽管如此,我们发现,那些公共消费占国内生产总值比例相对较低的经济体,往往正是那些经济增长率相对较高的经济体。的确,政府开销较少使它们有能力为基础设施建设和经济发展设置更高的预算计划。⑥ 公共住房是新加坡政府主要的优先资助项目。因此,新加坡具有全球最高的住房保有率,93% 的居民都实现了"居者有其屋"。填海造地、樟宜机场的建设,以及通信和交通领域的大规模公共投资,都增加了新加坡的吸引力,使这座城市成为私人投资者竞相青睐的目标。

---

⑥ 例外情况包括一些北欧国家,如芬兰,它的公共部门规模庞大,而国际竞争力并未因此遭到削弱。

图 3.1　1990—2001 年部分国家中央政府收入与支出的比较
（占国内生产总值百分比，期间平均值）

（单位：%）

	新加坡	经合组织成员国（中位数）	韩国[(1)]	马来西亚[(1)]	泰国	菲律宾
收入总额	33.5	33.3	18.2	26.1	17.8	17.5
经常性收入	26.5	33.3	17.8	26.0	17.8	17.1
税收收入	16.1	30.7	15.7	19.8	15.9	15.3
所得税、利润税和资本收益税	7.3	9.1	5.5	8.9	5.1	5.8
社会保障缴费	0.0	8.4	1.3	0.3	0.3	0.0
国内商品及服务税	4.7	10.6	6.0	5.9	7.5	4.7
国际贸易税	0.4	0.2	1.3	3.7	2.6	4.1
其他税收[(2)]	3.7	2.5	1.6	1.0	0.4	0.7
非税收入	10.4	2.7	2.2	6.2	1.9	1.8
资本收入	7.1	0.1	0.4	0.1	0.0	0.4
支出总额与贷款净额的总和	23.0	36.9	18.5	25.0	18.3	19.3
经常性支出	14.0	34.6	13.5	19.7	11.8	16.4
其中：利息支付	1.3	3.5	0.5	4.0	0.8	4.6
资本支出	5.1	2.2	2.8	5.1	6.0	2.6
净贷出	3.9	0.0	2.3	0.3	0.5	0.3
合计（盈余/赤字）	10.6	−3.6	−0.3	1.1	−0.5	−1.8

资料来源：张炳熙、仲林真一：《中期财政政策中的若干问题》，载《新加坡：针对某些选定问题的研究》，国际货币基金组织国别分析报告第 05/140 号，华盛顿：国际货币基金组织，2005 年 4 月，第 17 页，基于国际货币基金组织《政府财政统计》（多卷本），以及本书作者的计算。

［**注**］(1) 此为 1990—1997 年的数据。(2) 包括外籍工人税、财产税和遗产税。

如图 3.1 所示,1990—2001 年,新加坡政府的支出总额与贷款净额(贷款给建屋发展局等实体)占国内生产总值的 23%。比较而言,经合组织成员国的中位数为 37%。一方面,两者的政府财政收入总额所占国内生产总值的比重接近,都是约 33%。另一方面,典型的经合组织成员国的财政赤字约占国内生产总值的 4%,然而,新加坡政府财政总盈余占国内生产总值的 11%。

新加坡的税收收入只占国内生产总值的 16%,低于经合组织成员国的中位数 31%。造成这个巨大差异的主要原因是,新加坡没有社会保障税。众所周知,这个国家的税收减免政策一直是吸引外商投资的主要手段,不过,企业利润税仍是其最重要的收入来源。尽管如此,新加坡的所得税和利润税税率还是在逐步降低,目前达到最高 20% 的水平。这是因为,政府越来越依赖通过"商品及服务税"(Goods and Services Tax , GST),即一种增值税,对消费行为征税,同时帮助本国企业保持强劲的国际竞争力。

长期以来,新加坡政府在税收以外获得的收入高得惊人,达到国内生产总值的 17%,而经合组织成员国的中位数只有 3%。如此巨额的非税收入,通常只出现在那些政府能够从石油或其他自然资源获取大量特许权收益的国家。新加坡显然并不属于这样的情况。它与经合组织成员国之间产生巨大差异的关键在于以下几个方面。首先,鉴于新加坡政府对全国超过八成的土地拥有所有权,所以在 1990 至 2001 年间,土地租赁收入相当可观,占到国内生产总值的 7%。[7] 其次,政府对其所积累的巨额

---

[7] 穆库尔·阿舍(《面向 21 世纪的新加坡税制改革》,载许爱智等主编《21 世纪的新加坡经济:问题与战略》,新加坡:麦格劳希尔教育出版社,2002 年,第 403 页),对新加坡人的税收负担相对较低的观点提出了异议。他认为,出租土地产生的政府收入不应归类为资本收入,而应计入税收收入项目下,因为其经济影响类似于消费税。当中标人获得的在特定时期内使用(租赁)土地的权利,政府从中获得的收入将随着时间的推移而被分摊,并在建筑工程和其他土地使用的花销中收回。然而,有人反驳说,一部分公司利润税是由政府公共部门支付的,包括政府关联公司。

资产存量的审慎投资,给这个国家带来一个庞大的收入来源,估计年均约占国内生产总值的5%。这显示出经年累月产生的"复利的威力"。当经合组织成员国支付政府债务利息年均占国内生产总值的3.5%时,新加坡却用政府资产赚取大量利润,甚至超过以上数额。最后,作为解决交通拥堵的政策工具之一,新加坡政府对拥有和使用私人机动车的权利征收使用费,且税率相当高。

尽管很多人曾批评新加坡政府的财政紧缩政策,但我们不得不承认,在有效积累的基础上,几十年来实行的财政约束和在经济繁荣时期留出盈余的行为,确实令这个国家持有大量的净资产头寸——根据2004年初的估计,超过国内生产总值的120%。[8] 在此方面,新加坡与部分其他国家相比迥然不同,部分国家数年来积累的财政赤字已经导致了净政府债务的出现,严重时净政府债务的规模竟然占国内生产总值的比例达到100%以上。

一个国家的财政政策应该是审慎的,当然也不需要像新加坡那样,其财政收入达到如此规模的累计盈余。成熟的经济体有时会试图在某个商业周期中达到平衡预算的目标。对那些受益于资本输入的欠发达经济体来说,我们推荐的做法是,政府应将赤字控制在本国财政融资体系可持续支撑的程度之内。此外,各种收入与支出项目的质量和构成,与盈亏底线一样重要。不过,新加坡长期的财政政策积累带来的成果,是给政府提供了一个缓冲期,可用于执行扩张性逆周期政策——正如其在1998年至2002年间所做的那样,而无须质疑经济增长的长期可持续性,也不会侵

---

[8] 张炳熙、仲林真一(《中期财政政策中的若干问题》,载《新加坡:针对某些选定问题的研究》,第16页),关于政府资产市场价值的全面信息尚未公开,这可能会影响评估的准确性。

蚀金融市场参与者的信心。相比另一些国家，它们承负着巨额的债务或无资金准备的欠款，新加坡的政府资产状况显然更加健康与稳固，从而得以从容应对未来人口迅速老龄化所造成的紧迫的金融需求，或类似世界经济衰退这样的不可预见的事件。

企业部门和居民家庭的高额储蓄

根据本书研究所选取的时间段，在新加坡异常高的储蓄总量中，只有约四分之一可直接归因于财政政策的作用。1999—2001 年，中央政府的储蓄，即经常性收入与经常性支出之间的差额，约占国内生产总值的 12%。[9]除此之外的储蓄——约占国内生产总值的 34%，则由新加坡的居民家庭和公私企业部门贡献。[10] 那么，政府政策是如何影响这部分储蓄的呢？

政府的经济政策导致了居民家庭和企业部门的高储蓄行为。政府出台政策，严格按照商业的标准运行公共事业，增加运营利润和留存收益，从而有助于国家储蓄的增长。法定委员会拥有对公共事业收费的垄断定价权，最近在电子通信行业也获得同样权力，造成了更多的储蓄。在企业部门内部，法定委员会的账目与中央政府的账目明确分开管理，不会合并。[11]

---

[9] 如果将土地租赁收入重新归类为经常性收入，中央政府的储蓄将会上升，企业部门的储蓄则会相应下降。政府的经常性支出和资本支出之间的区分可能是随意的，也可能偏向中央政府储蓄的估计。

[10] 新加坡金融管理局经济学家的内部估计表明，从 1990 年至 2001 年，公共企业部门将约 10% 的国内生产总值存进了银行（新加坡金融管理局：《1965—2003 年新加坡的国际收支平衡：一项数据分析研究》，非定期文件第 33 号，第 6 页）。居民家庭储蓄相当于国内生产总值的 9%，其中 2.5% 的国内生产总值以净缴存的形式存入各自的中央公积金账户（国际货币基金组织：《新加坡——2004 年第四条磋商条款工作报告》，第 13 页）。在此期间，私营企业部门的储蓄（定义为折旧和留存收益）平均约占国内生产总值的 16%。

[11] 穆库尔·阿舍：《面向 21 世纪的新加坡税制改革》，载许爱智等主编《21 世纪的新加坡经济：问题与战略》，第 418 页。

一般来讲，虽然也会受到周期性波动的影响，私营企业部门（也包括政府关联公司以及法定委员会的私有化份额）的税后收益率还是相当高的。从某种程度上说，这反映出新加坡政府制定和实施一系列政策的目的，在于创造一个支持商业发展的环境，包括将利润税税率一路下调至目前 20％的水平。通过将国民生产总值的重要性设为一个解释性变量，在国民储蓄总额计量回归分析中，即可得到上述结论。这也与经济学界一个著名的观点相一致，即迅速发展的中等收入经济体倾向于保有较高的储蓄率。[12]

新加坡的公共政策也以各种方式鼓励居民家庭储蓄。首先，在发展初期，政府积极的人口控制政策对促进人口结构迅速转型，曾起到积极的作用。再加上一些鼓励妇女进入劳动力市场的政策，都有助于居民家庭储蓄的积累。其次，所得税政策方面，政府通过逐步取消资本收益所得税，以及利息、股息和红利所得税来鼓励储蓄。此外，缴纳和提取中央公积金都是免收个人所得税的。[13] 最后，当个人遭遇失业或疾病时，得到来自政府的社会安全网的援助非常有限，这就促使人们更多地依靠自己的预防性储蓄。

新加坡居民家庭储蓄的很大一部分，都是通过向中央公积金的强制性缴款实现的。中央公积金制度创设于英国殖民统治时代，是殖民政府为其雇员提供退休保障的强制储蓄计划。该制度要求雇员缴纳工资金额

---

[12] 新加坡金融管理局：《1965—2003 年新加坡的国际收支平衡：一项数据分析研究》，非定期文件第 33 号，第 8 页；另可见林崇椰：《东南亚：长路漫漫》（第二版），新加坡：世界科学出版私营有限公司，2004 年，第 373 页，关于不同国家分类的"S-曲线"假设。

[13] 若想全面了解新加坡的中央公积金制度，请见罗伯托·卡达雷利：《新加坡中央公积金：一项综合性改革的选项》，载《新加坡：针对某些选定问题的研究》，国际货币基金组织国别分析报告 00/83 号，华盛顿：国际货币基金组织，2000 年，第 53—67 页；穆库尔·阿舍：《退休金融困境：新加坡的经验》，载《经济与政治周刊》2004 年第 39 卷第 21 号，第 2110—2120 页；以及中央公积金网站：http://mycpf.cpf.gov.sg/CPF/About_us.htm。

的 5％，雇主也要配套支付相应金额的 5％，旨在为年龄超过 55 岁的雇员提供适量的退休收入。中央公积金是一个得到全额资助的固定缴费计划。历年缴纳的款项，都保存在一个中央基金里。在这个中央基金内部，每个参与者都拥有一个独立的账户。在新加坡，这项计划覆盖了 90％以上的居民。1968 年以后，政府曾着力扩大这项计划，大幅度提高雇员和雇主双方合计的缴费比例，竟从原来的 10％提高到 1984—1985 年最高水平 50％，后来又有所降低。多年来，中央公积金已逐渐拓展为一种储蓄工具，它允许雇员在退休之前就将自己历年积累的公积金提取出来，既可以在购房时支付按揭的首付款，也可以投资经相关机构核准的金融工具，还可以购买政府选定的医疗或教育服务。在截至 2004 年的 12 年间，选择进行自主投资的新加坡居民当中，有四分之三的人赚取的收益率低于中央公积金支付给其参与者持有余额的最低为 2.5％的利率。居民个人的投资回报率之所以如此之低，一方面是因为私募基金的管理费极其昂贵，另一方面，投资时机把握失误也可能造成巨大亏损。一些专家认为，中央公积金已偏离原先的运行轨道，承担了一些新的职责，其本身应具有的功能正在遭到削弱。尽管现在越来越多人选择提前提取公积金，使公积金的总规模比几十年前小很多，但中央公积金在净值基础上，还是有力地促进了新加坡居民家庭储蓄的积累。可以说，中央公积金强制性储蓄与家庭自主考量的自愿性储蓄在某种程度上是互为补充的：在国家的强制性储蓄缺失的情况下，个人的自愿性储蓄可能就会更高些。⑭ 同样的，有数据表明，如果中央政府通过预算盈余保有相当高的储蓄，在一

⑭ 肯尼思·伯库逊主编：《新加坡：一项关于快速发展的案例研究》，第 47 页；新加坡金融管理局：《1965—2003 年新加坡的国际收支平衡：一项数据分析研究》，非定期文件第 33 号，第 9 页。

定程度上,居民家庭储蓄额就会相应降低。[15]

最后在这里重申一遍,新加坡之所以具有超高的储蓄率,以及相应的,个人消费总额在国民总收入中所占的份额较低,部分是由诸多外生因素决定的,如人口数量和结构的演变,国民崇尚节俭的基本价值观,以及国民从留存收益中拓展金融业务的倾向。但是,公共政策在新加坡的高储蓄率状态中也扮演了相当重要的角色。这体现在以下几个方面。第一,政府的财政预算政策发挥了直接的促进作用。第二,政府的宏观经济战略有利于高增长,高增长又反过来刺激企业部门的高储蓄,这对私营企业和国有企业同样奏效。第三,政府持之以恒地要求居民个人和家庭自力更生,再加上相关的个人所得税条款、中央公积金制度以及邮政储蓄银行(Post office Savings Bank,POSB)体系,这些都对居民家庭储蓄行为起到鼓励的作用。第四,政府政策有利于宏观金融环境的稳定,并帮助人们建立对金融业的信心。高额的储蓄总量为大规模的投资创造了空间,无论是之前的国内投资,还是最近兴起的海外投资。

货币与汇率政策的强力支撑

新加坡严格的财政政策与高额的储蓄规模,为其实行谨慎的货币与汇率政策奠定了坚实的基础。由于政府试图将工资的增长速度抑制在劳动生产率的提升范围之内,因此,纪律约束在劳资关系中也很盛行。1972年,新加坡政府成立了一个由三方共同参加的机构——"全国工资理事会"

---

[15] 在一些著作中,作者曾将新加坡作为对部分李嘉图等价定理的折中案例,请见肯尼思·伯库逊主编:《新加坡:一项关于快速发展的案例研究》,第47页;G. 皮布尔斯、P. 威尔逊:《新加坡经济增长与发展:历史和未来》,第384页。

(National Wages Council,NWC),负责制定年度工资的指导方针。虽然新加坡一直处于充分就业状态,这些指导方针也并非强制性的,但它们一直在全国范围内得到严格的遵守。[16] 与此同时,工资增幅的限制和巨大的储蓄规模排除了通货膨胀的国内来源。几乎没有哪个国家的中央银行,能够像新加坡金融管理局这样,得以在如此坚实的基础上,构建本国的货币与汇率政策。

从1981年至今,新加坡一直实行以汇率为中心的货币政策。对国内通货膨胀来源的管控释放了部分汇率,有效中和了由于进口商品价格提高而传导至本国的通胀。随着时间的推移,政府允许新加坡元的名义汇率逐渐提升,目的在于抵消进口通胀,从而将国内的物价水平保持在一个较低的位置上。[17] 国内物价的稳定反过来又对新加坡元的价值提供有力的支撑,并构成本国货币政策的主要目标。如前所述,1964—2004年,新加坡的平均通货膨胀率仅为3%,按那段时期通行的国际标准来看,这是一个相当低的水平,也被认为是一个充分就业的国家所达到的卓越成就。

新加坡坚实的宏观经济管理为出口的高速增长确立了基础。长远来看,国内通胀率常年保持低位则有助于保持本国的国际竞争力。新加坡元货币价值合理,降低了国家的宏观经济风险。如果从一个较长的时段观察,虽然随着商业大环境的演变,还是有过几次波动(见图3.2),但总体而言,新加坡元的实际有效汇率非常稳定。新加坡允许无限制地利润遣返,而将收益汇回本国的做法,后来才在其他国家成为常规。2006年中期,新加坡的官方外汇储备约为1300亿美元,按人口平均计算为世界最高水

[16] 林崇椰:《全国工资理事会:定位与目标》,载林崇椰和罗莎琳德·周主编:《薪资与薪资政策:新加坡的三方主义》,新加坡:世界科学出版私营有限公司,1998年,第203—204页。

[17] 新加坡金融管理局:《新加坡的金融政策运行》,新加坡:金融管理局,2003年,网络访问地址为http://www.sgs.gov.sg/publications/download/SGPMonetaryPolicyOperations.pdf。

平。外国资本一直在新加坡开展投资行动,将这个国家作为向该地区和全世界出口的贸易平台。无论从哪个角度分析,新加坡无疑都已拥有一个稳定的宏观经济框架。稳定性,无论对鼓励投资,还是对经济增长都极其关键,而且它还帮助这个国家成功渡过 1997 年的亚洲金融危机。

(2000＝100)

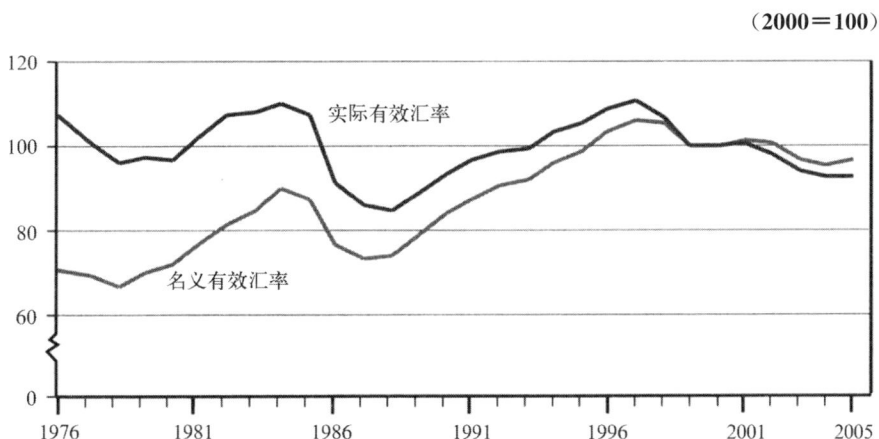

图 3.2　1976—2005 年名义有效汇率与实际有效汇率[1]

资料来源:国际货币基金组织《国际金融统计》(多卷本)。

[**注**](1)新加坡元的名义有效汇率(Nominal Effective Exchange Rate,NEER)是指双边汇率的加权平均值,其权重反映了对方作为新加坡的国际贸易伙伴的重要性,或作为竞争对手在第三市场中对新加坡构成的威胁强度。实际有效汇率(Real Effective Exchange Rate,REER)是将新加坡元相对于其贸易伙伴货币的名义有效汇率,经通胀率调整后得到的实际汇率。如果新加坡物价的上涨速度比其贸易伙伴国更快,将导致新加坡元的实际有效汇率在任何既存的名义汇率下都呈升值状态。其中的原理是,"一揽子新加坡商品"如果销往国外,将能够购买更多的外国商品,就等于增加了价值。

二、基于市场效率注重激励措施

"每个人……总是追求他个人的利益……在这样做时,有一只看不见的手引导他去促进一种目标,而这种目标绝不是他所追求的东西。对社会来说,不参与并不总是最糟糕的。由于追逐他自己的利益,他经常促进了社会利益,其效果要比他真正想促进社会利益时所得到的效果大。"

——亚当·斯密⑱

吴庆瑞博士(Dr Goh Keng Swee)是新加坡首任财政部部长,也是国家经济战略的总设计师。据说,他是亚当·斯密基本思想的忠实追随者。⑲ 相较于其他国家,新加坡更加依赖基于市场的价格信号,为消费者和生产者的行为做出激励。很明显,新加坡的经济政策提高了微观经济的效率。通过使社会收益、成本和个人所得的激励保持一致,将经济扭曲与偏离降到最低。在过去的 40 年间,新加坡的劳动力与资本市场一直是灵活可变、富于弹性的,总能根据供求关系的变化及时应对。此外,与中国香港地区一样,新加坡长期以来都被认为是世界上开放程度最高的经济体之一,与全球市场具有最高的整合度。这个国家的经济增长,不仅得益于资源有效、高速的调动,还得益于对资源的良好管理。

新加坡政府基本上遵循合理的市场导向政策。然而,市场导向并不意味着自由放任。出于有利的外部性,政府对基本医疗、教育和住房所有权提供补贴。而且,新加坡并没有通过形形色色的法定委员会和政府关联公司,限制庞大的国有部门作为商品和服务生产者在经济体中的存在。

---

⑱ 亚当·斯密:《国民财富的性质和原因的研究》(《国富论》),第四卷,第 2 章,第 9 段。

⑲ 伊恩·帕特里克·奥斯汀:《吴庆瑞与东南亚治理》,新加坡:马歇尔·卡文迪什学术出版社,2004 年。

当然,这建立在一个关键的认识之上——公共事业企业的经营必须依据商业原则、必须建立在市场运行规划的基础之上。与此同时,在有些国家,政府常常给予关系户和生意伙伴一项特权,即从利润丰厚的垄断和特许经营中获得经济租金。新加坡一直极力避免类似行为的发生。在这里,寻租的机会也被降到最低程度。新加坡的公共政策被作为一种有效分配资源及避免浪费的工具而构建;公共政策的合理性,是政府务实地采用价格激励的方式,以市场现实条件为基础来实现的。我们从以下几个方面具体来说明这一观点。

道路交通

汽车拥有量和道路使用权的定价就是一个最好的例证。新加坡作为一个人口稠密的小岛,多年以来,随着其居民可支配收入的迅速提高,这个国家也面临一个巨大的潜在风险——汽车数量剧增、道路阻塞严重。然而事实是,即便在上下班高峰时段,新加坡的交通也是令人惊叹的畅通,与本地区其他都市普遍存在的拥堵状态形成鲜明的对比。此外,在新加坡机动车行驶造成的空气污染程度也远低于亚洲的其他大城市。为了应对交通拥堵,很多国家采取征用土地拓宽道路,以及大力发展公共交通等方式,而向驾车者征收拥堵道路使用费的做法并不常见。在新加坡,定价机制和市场力量以一种便捷、高效而又符合现代文明的方式,在满足人们合理的通勤需求方面扮演着关键性的角色。[20]

政府规定的各种收费,使得在新加坡必须支付世界上最昂贵的价格

---

[20] 理查德·S. 郑:《缓解新加坡的交通拥堵:需求管理述评》,载林崇椰:《新加坡的经济管理政策》,新加坡:艾迪生-韦斯利出版公司,1996 年,第 318 页。

才能拥有一辆私家车。在 20 世纪 90 年代末的某一段时间,新加坡对每辆汽车征收 45％的进口关税,再加上登记费、道路税、拥车证(Certificate of Entitlement,COE)等,竟然将任何一辆乘用车新车的价格抬升到了其国际市场价值的五倍。2003 年以后,新加坡陆路交通管理局(Land Transport Authority,LTA)增加了本机构签发的拥车证的数量,并且转而限制汽车的实际使用而非单纯拥有,在这个国家买一辆车变得便宜了很多。自 1990 年以来,政府采取的管理方式是每个月拍卖有限数量的拥车证,试图使本国机动车保有量的增长速度与道路网的扩张速度保持一致。任何一个新加坡居民,如果打算购买一辆汽车,就必须先竞拍下一张拥车证,而且每张拥车证的有效期只有 10 年。拥车证的价格随着供需关系的变化而波动。在新加坡,尽管供养一辆汽车的成本很高,但拥有汽车还是很普遍的现象。可见,有的人宁愿付出巨大的代价也要拥有汽车,汽车的象征性意义赋予他们更高的社会地位。㉑

　　除了购车环节的高昂付出,拥有私家车的新加坡居民还必须为使用公共道路支付费用。购买汽油等石油产品就要缴纳消费税和进口税,且税率比邻近的马来西亚和印度尼西亚高得多。根据汽车发动机的排量差异,车主每年还要缴纳数额不同的道路税。此外,针对高密度车流的情况,为了优化道路的使用,1999 年,新加坡还引入"电子道路收费系统"(Electronic Road Pricing,ERP),将交通监管、先进科技和定价机制整合于一体。新加坡的每辆汽车上,都安装着一个收费卡装置。每个工作日,在市中心和高速公路的各处所设置的龙门监控器会对往来的车辆进行扫

㉑ 每 100 名居民中拥有 11 辆私家车。数据来源:新加坡陆路交通管理局:《新加坡陆路交通统计数据精要》,2004 年,网络访问地址:http://www.lta.gov.sg/corp_info/doc/Statistic%20。

描，并自动扣除过路费，费用按时间、地点及车辆类别而定。过路车辆无须停车，不会影响交通。在电子道路收费系统的监管之下，对交通拥堵富有较大责任的车主，将被征收更多的道路使用税，这显然有利于以更高效的方式使用现有的道路网络。

在新加坡政府的当期预算收入中，与机动车使用相关的税费合计约占10％以上，这几乎相当于国民生产总值的3％。政府将这笔庞大的收益投入公共部门，帮助新加坡建立了一个堪称典范的大众交通系统。尽管如此，地铁、轻轨和公交车公司仍须在没有政府补贴的情况下，尽量收回现有的成本。此外，与其他国际化大都市相比，新加坡的出租车服务全覆盖且价格也相对便宜。不过，出租车的收费也会因一天中不同的乘坐时段，以及乘客是否愿意为减少等待时间而支付额外的费用而有所不同。[22] 还有精心设计的高科技呼叫系统和全球定位系统也有助于出租车服务效率的提高。

有的学者认为，新加坡发展初期的基础条件有利于引入基于价格的道路使用政策。它可以控制汽车进口的数量，而没有国家主权的大城市往往无法做到这一点。新加坡很早就决定停止国内的汽车生产，消除了将汽车产业视为沉重财政负担而加以反对的根源。整个国家只有一级政府，消除了各地方、各州、各省和中央政府之间的利益冲突：人们不能随意的用脚投票，因为离开当地的管辖就意味着离开这个国家。[23]

为了获得私家车的便利和舒适，新加坡人不得不付出高昂的代价。

---

[22] 2003 年新加坡的出租车资费是纽约的三分之一，不到伦敦的四分之一。请见新加坡陆路交通管理局：《新加坡陆路交通统计数据精要》。分析造成上述差异的原因，超出了本书的研究范围，但人力成本和整体效率的区别可能是比较重要的因素。出租车司机在一次轮班（10—12 小时内），大约可赚到约 40 美元的收入。

[23] 理查德·S. 郑：《缓解新加坡的交通拥堵：需求管理述评》。

但大多数人还是赞同本国总理的观点——要么承受痛苦，要么就遭遇极端严重的交通全面壅塞。新加坡大胆创新的政策给市场留下了足够的空间，得以实现资源的高效配置。㉔

医疗卫生体系

2002年，新加坡政府仅仅拿出国内生产总值的1.3％用于医疗卫生体系建设，而公共和私人医疗卫生支出的总额，也只占国内生产总值的4.3％。与此对比，同一年，美国国内生产总值的14.6％都花在了医疗卫生事业上，比1970年7％的比例高出很多。随着一个社会创造的财富越来越多，医疗卫生支出在国民收入中所占的份额越来越高，这本是一件在道理上讲得通、也很有意义的事。当然，前提是每一分钱都花得物有所值，且融资机制具有可持续性。尽管如此，如果检视一些相关指标——无论是婴儿死亡率还是平均预期寿命，我们就会发现，新加坡的表现都比美国稍微好一点（见图3.3A）。㉕ 必须承认，上述指标的数据结果不但与本国的医疗卫生支出有关，还受到整体生活环境等因素的影响。尽管如此，考虑到成本收益和社区在促进居民健康方面取得的成就，国际专家还是将新加坡的医疗卫生体系列为全球最成功的案例之一。新加坡的主要经验包括，依靠定价机制和每个人面对激励的高度敏感，通过要求居民共同

㉔ 然而，谭灵惠（Ling Hui Tan）指出了在车辆配额制度的实际操作过程中产生的一些意想不到的扭曲。新加坡陆路交通管理局提供的拥车证，根据不同的车辆类别指定不同的数量。在现行系统下，实现分类标准优化所需的信息难以满足，而且，小型、经济型汽车的购买者需支付的费用，与豪华车车主支付的费用并不成比例。

㉕ 《世界卫生组织报告》（2006年），附录表。世卫组织制定了"健康调整后预期寿命"（Health - Adjusted Life Expectancy，HALE）指标，对各国居民的健康状况进行概略性的衡量。请注意，美国人口的老龄化程度比新加坡略高，因此，医疗需求更大，而且某些疾病（如肺结核）的发病率指征更高。与此相反，新加坡热带环境显然更不利于对抗传染病。

承担医疗费用，来抑制过度消费、约束浪费并降低成本。

新加坡设计了一整套不同于美国和西欧国家的医疗卫生体系。其目标是用最低限度的成本，向全体居民提供高质量的健康服务。为了达到以上目标，在未建立国家健康保险体系的前提下，新加坡试图将公共服务与私人服务结合起来（见图 3.3B）。其中，国家扮演着至关重要的角色。确保国民处于良好的健康状况，预防艾滋病、疟疾，以及各种与吸烟相关的疾病，是政府优先考虑的事项。公立医院和综合诊疗所提供最基本的医疗服务，经费来自政府预算，但必须遵循严格的支出控制原则。信息与通信技术的广泛使用，使医生和医院能够在第一时间调取患者的病历和其他相关信息，这提高了效率，并削减了所需行政人员的数量。新加坡还引入了一套精心设计的系统，谨慎的限制病人和医生的自主选择，目的在于将诸多昂贵的使用公共预算的现代诊断器材，仅仅给予那些真正需要的病人，而阻止不必要的过度诊断。医疗卫生是一项关键的公共事业，对实现社会公正意义重大，因此，新加坡基本大众健康服务支出中的80%，都可以从国家预算中得到补贴。同时，政府还提供一种保费低廉的医疗保险项目（"健保双全计划"，MediShield），居民可以自愿参加，旨在为慢性疾病和致命疾病患者提供支持。为了将保费降到最低，这项保险计划主要涵盖小概率、高花费疾病——而非大概率、低花费的普通病症。最后，新加坡还为那些真正需要救助的穷困人士设置了一个健康领域的社会安全网（"医疗救助基金"，Medifund），执行严格的支付能力调查，以确保任何人都不会因为没钱而丧失必需的医疗保障。

强调患者及其直系亲属必须承担医疗费用，是新加坡医疗体系的基本原则。鉴于医疗保险体系经常被滥用或过度扩大，结果就是国家财政

平均预期寿命（岁）　　　医疗支出（占国内生产总值百分比%）

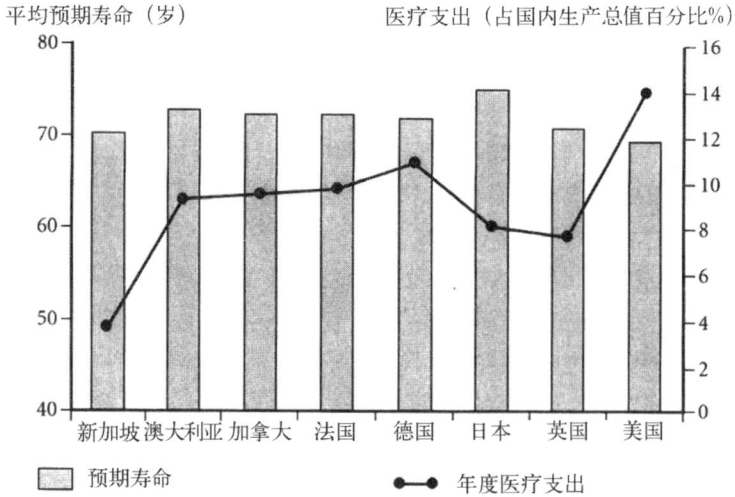

图 3.3A　预期寿命与医疗支出对照表，2003 年。

资料来源：《世界卫生组织报告》(2006 年)，附表。

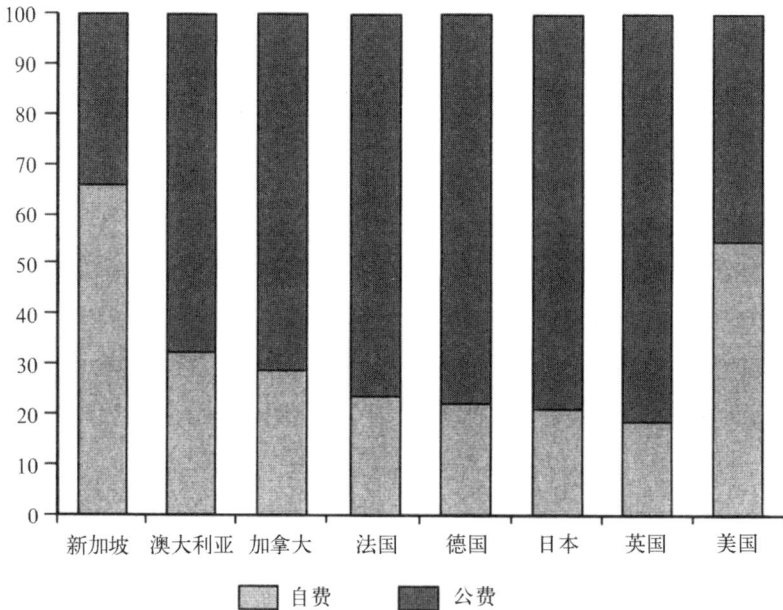

图 3.3B　医疗卫生支出的经费来源

资料来源：《世界卫生组织报告》(2006 年)，附表。

不堪重负、运转失灵,因此,新加坡政府倾向于尽可能与受益人共同分担医疗支出,避免给国家财政造成过重的负担。正如李光耀曾经说过的,必须考虑到私人行为的社会后果,"我们不希望民众持这样一种心态,既然已经支付了医疗保险费用,那么只要是病人自己或医生能够想到的诊断手段或治疗程序,都要不管不顾、尽情使用。"㉖新加坡通过征收使用费,可以收回公共医疗保健支出的 20%—100%。公立医院的病人,如果选择开放式病房,则可以从政府得到 80% 的住院费补贴。富裕的病人,可以选择更舒适的病房,当然只能得到较低份额的报销额度,甚至完全没有补贴。这种做法,其实是一种患者自行管理的经济能力调查。在新加坡,并不存在一个共同基金,"赋予"每个人同等舒适的医疗服务。这个国家的做法是,在每个人的中央公积金账户之下,都单独开设一个特殊的"医疗储蓄计划"(Medisave)账户。通过强制性的工资扣款和雇主缴费方式,为未来可能的医疗支出做足"预存"。㉗ 只有经相关部门认可的治疗手段,才能动用医疗储蓄计划账户内的资金,受益对象可以是账户所有者自己,也可以是其祖父母、父母、配偶或子女。而由私人医生诊断小微疾病的费用,则必须由患者自行用现金支付,目的在于抑制公共医疗服务的过度消费。

在新加坡,私立医疗体系与公立医疗体系相互竞争,从两个方向共同控制价格。居民也可以购买商业保险公司提供的私人医疗保险。国家要

㉖ 李光耀:《从第三世界到第一世界:新加坡的故事(1965—2000)》,第 127 页。

㉗ 中央公积金缴费率变化频繁,并根据参与者的年龄和类别上下浮动。截至 2006 年 1 月 1 日,私营企业 36 岁以下员工的中央公积金合计缴费率为工资的 33%(每月不超过 4 500 新元,包括 13% 的雇主缴费和 20% 的员工缴费)。在 33% 的金额中,有 6 个百分点记入员工的"医疗储蓄计划"账户。资料来源:新加坡中央公积金计划,http://www.mycpf.gov.sg/Members/gen_info/Con_Rates/ContriRa.htm。

求私立医院公开收费标准，以便患者比较和选择。新加坡只有一所医学院，通过控制这所学校的录取人数，同时调节医疗行业移民的人数，政府就可以控制医疗服务提供者的数量。在新加坡，防止医疗事故诉讼的保险虽然也存在，但并不构成增加公共医疗成本的因素，因为大多数新加坡人并不喜欢打官司，也没有陪审团制度。最后，在每个居民家庭和整个国家之间，还有一个有效的缓冲区域，那就是私人医疗慈善机构。他们替那些为疾病所困、走投无路的人，编织了一张托底的安全网。

新加坡高效的医疗卫生体系，本身当然具有宝贵的专业价值。与此同时，由于它有助于防止劳动力过早退出市场，因此也间接促进了人力资本的形成和经济的增长。成本效益为生产型投资释放了资源。虽然这个国家的医疗支出总额连年增加，但考虑到人口老龄化的加剧和富裕程度的提高，医疗支出占国内生产总值的比重仅仅从 1999 年的 4.1％上涨到 2003 年的 4.5％，应该算是一个合理的增幅。相较而言，同期美国的医疗支出占国内生产总值的比例则一直极其惊人——从 13.1％提高到 15.2％。

71 经济的开放性

新加坡经济对国际贸易的开放程度之高世所罕见——因此也容易受到愈发剧烈的全球竞争的影响，同时对价格信号极其敏感。在很长一段时间内，新加坡的商品进出口总额，竟达到其国内生产总值的约三倍。这反映出这个国家惊人的再出口规模，符合其作为转口贸易航运中心的传统地位。㉘ 几十年来，新加坡对国际汇兑不设任何限制，进口保护程度也

㉘ 根据新加坡统计局的数据，2005 年商品贸易总额达到国内生产总值的 369％。

很低。目前,该国只对某些特定的商品征收进口关税,比如汽车、酒类等不适合本地生产、经济效益不高的商品。可见,新加坡征收关税并非出自保护本国制造业的目的。非关税壁垒极少存在或者说根本就没有。1965年之前,新加坡曾执行过一段时期的进口替代政策,可是结果并不令人满意。这项政策终止后,该国也失去了自由进入马来西亚市场的权利。再加上,新加坡国内市场狭小,处处受限,自然资源更是极度缺乏,而且不存在庞大的本土企业家集团,这些因素的综合作用,促使政府最终选择了一条特殊的道路——通过吸引出口导向型的外商直接投资,将本国经济整合进入世界经济体系之中。参与全球市场竞争,需要政府给予跨国公司以不受干涉的国际价格,不受限制地购买进口的中间产品和资本货物。1975年,新加坡宣布取消电子电器商品的进口关税,从而将相关行业的生产商完全暴露在激烈的国际竞争之中。摆在本国制造业从业者面前的,仅剩下两个选择——要么提高生产率,要么关门大吉——后一种结果已经在汽车加工装配产业中不幸发生。最初,国内大量的廉价劳动力曾为新加坡提供了一个典型的"李嘉图比较优势"。尽管如此,经济开放另一个更重要的作用是,为世界市场从事生产,就激励诸多跨国公司将最高效的组织体系和最先进的技术手段,内嵌在进口资本货物中,引入新加坡。

与此同时,新加坡还拥有高度发达的开放性服务贸易,包括国际旅游、物流以及离岸金融服务等。2005 年全年,有 900 万游客来到新加坡观光购物。尽管如此,针对国际竞争,新加坡对某些特定领域的服务实行保护,且持续时间比商品贸易更长,从而给予国内公司足够的时间培养本土人才,并克服本土基数小的限制,达到临界规模。这个世界上没有不受

第三章 促进经济增长的政策

72

约束、完全自由的市场。在国外竞争对手面前,新加坡的在岸银行(即为国内市场服务的银行)曾得到来自政府的保护,部分原因是政府出于审慎的考虑允许其充实资本。外国银行若想要提供某项金融服务,比如设置自动取款机,都必须得到新加坡政府的许可。要知道,在拓宽外国银行的服务范围方面,新加坡的步伐是相当缓慢的。20 世纪 90 年代,新兴产业从业者提出抗议,认为临时性保护对新加坡来说经济成本太高,从而保护措施才稍有缩减。直到今天,这个国家的金融部门仍在苦苦追寻,如何在全面开放的同时,保持强大的竞争力。此外,新加坡的律师事务所也受到了保护——外籍律师,如果同时也归属于外国事务所,将无权在新加坡执业。

新加坡经济对国际资本流动的开放程度非常高。外国资本在新加坡发展中的重要性,再怎么夸大都不为过。1985—1989 年,外商直接投资在新加坡固定资本形成总额中所占的比例将近30%。到20 世纪90 年代末,外商控股公司制造了新加坡国内生产总值的 42% 以及制造业附加值的四分之三强。[29] 在某些特定的出口导向型部门,弥漫着自由主义的氛围,对外商直接投资抱持热烈欢迎的态度,国家发展也从中受益颇多。由于在新加坡经营的跨国公司全部面对出口市场从事生产,它们就必须令自身保持国际竞争力,也具备了随时引进最先进技术的动机。与此形成鲜明对照的是巴西和阿根廷,这两个国家允许跨国公司进入受保护的国内市场。[30] 在短期的有价证券投资组合流动方面,以新加坡元计价的投资工具,其利率水平基本上与国际利率保持一致,但通常会略微低一点,

73

---

[29] G. 皮布尔斯、P. 威尔逊:《新加坡经济增长与发展:历史和未来》,第 14 页、第 69 页、第 170 页。
[30] 世界银行(《东亚奇迹:经济增长与公共政策》,纽约与牛津:牛津大学出版社,1993 年)注意到,中国也正将流入的外商直接投资导向面对出口市场的生产。

以反映新加坡元将随时间推移而逐渐升值的预期。新加坡金融管理局允许汇率在一定范围内随着供求关系的变化而自由波动,以此方式来掌控汇率高低,因此,在近乎完美的教科书式的资本流动下的套利流动表明新加坡金融管理局已经放弃了对国内利率水平的控制,也意味着广义货币供应量将完全由市场需求决定。[31]

与其他国家一样,新加坡也严格控制外国劳动力的流入。在这个领域,经济增长同样受益于开放政策。扩大国内劳动力供应是国家宏观发展战略的有机组成部分。

外国劳动力对新加坡经济的增长,曾经起到过至关重要的作用。早在 1970 年,这个国家就实现了充分就业,于是开始吸引短期境外务工人员,这一年外国劳动力占全国劳动力总数的比例约为 3.2％。此后,来新加坡工作的外国人的规模急剧膨胀。到 1980 年,上述比例已提高到 7.4％。而在 2000 年,外国劳动力在新加坡劳动力总数中所占比例,据估计已达 29％——其中,获得"就业准证"的高级技术工人或专业人士约占 5％,持"工作许可"的低技能人员则占 24％。[32] 在 20 世纪 90 年代新创造的 60 万个就业岗位中,外国劳动力占据了其中的一半,另一半则由本土劳动力填补。自此以后,前一类型的人数越来越多,扩充趋势明显。

在目前的新加坡经济中,外国劳动力一直扮演着关键性的角色。低收入群体——大多来自菲律宾和印度尼西亚,主要从事家政和老年人照管服务工作。道路和建筑建设从业人员则主要来自南亚和东亚各国。此

---

[31] "三元悖论"认为,任何选择对国际资本套利流动完全开放的国家,都可以设定其货币的名义汇率或者国内利率水平,但不能两者同时设定。

[32] 惠翁达:《新加坡外籍劳工政策》,载许爱智等主编:《21 世纪的新加坡经济:问题与战略》,第 29、33 页。

外，为了吸引全球人才，新加坡还执行积极的打开国门政策，大量专业人士和高级技术工人慕名而来。按照政府的要求，所有持有短期工作许可和就业准证的外国人，除非他们已获得续签，否则在工作签证截止日期到来之前必须离境。此外，新加坡还设置了一套程序，保持低技能群体在固定的雇佣条款下不断的循环、更新，以阻止他们因脚跟站稳而不思进取。而那些为非法移民提供出租屋的房东和提供工作的雇主，等待他们的将是牢狱之灾。可以说，外国劳动力与新加坡经济早已紧密缠绕在一起，互为依存。

在对外国劳动力实施管理时，新加坡还依靠价格机制作为政策工具来控制其流入总量和技能水平。在外籍劳工的"工作许可"体系之下，雇主必须向政府预算缴纳一笔税款，税额依据其雇员的技能水平和工作部门的不同而有所浮动。工作许可每两年更新一次。如果雇主的需求强劲，税额则会相应提高。针对技术更熟练的工人，税额会很低甚至为零。这样的差异对待措施，鼓励建筑公司出资对工人进行职业培训，同时引进节省人力的技术手段。不过，随着外国劳动力技能水平的提升，也出现了另一个后果，就是竞争的加剧：在1998年经济衰退期间，大量本国雇员被老板炒了鱿鱼，但表现更好的外籍劳工却保住了工作，这与1985年的情况截然不同。此外，还有一种重要类型的非熟练工人的涌入，可能也间接促进了劳动生产率的提升。1970年，新加坡的女性职业参与率只有29％，而到1999年，这一比率已迅速上升至53％。这意味着，在过去30年间，新加坡的女性劳动人口数量的增加，超过228 000人。[33] 228 000位

---

[33] 2005年新加坡的女性劳动力参与率提高至57％。数据来源：新加坡统计局，网络访问地址为 http://www. Singstat. gov. sg/keystats/annual/indicators. html。

女性劳动者中,包含 130 000 名女佣,她们帮助很多家庭获得了一份额外的收入来源。^㉞ 政府解释了外国劳动力的存在对本国的有益影响,不过相关政策还是在新加坡本国人中引发担忧,主要涉及未来更严峻的就业前景和更紧张的住房供应。

富有弹性的劳动力市场

　　劳动力市场和薪资政策一直是新加坡发展战略的支柱。独立后的几十年来,这个国家的薪资政策也在不断调整:最初,为了吸收失业人口,以及推动出口导向型工业化,新加坡强调对工资水平予以严格的限制;到了 20 世纪 80 年代,上述政策则暂时被对高技能工种的需求所取代。工资水平的决定机制也历经年代而变动(请见本书第四章"劳动力市场制度"部分)。尽管如此,有一项重点始终未变,那就是强调高效的劳动力配置。在很大程度上,劳动力的薪资水平和雇佣、就业,都是由市场的供需关系决定的,政府的干涉或工会的压力并不能发挥任何效力。换句话说,新加坡政府拒绝代表工人的利益介入劳动力市场的自由运行。公共部门没有充当用来兜底的雇主,也并未屈从于压力而创设一些低效率的岗位。这个国家并没有法律规定的最低工资标准,因为这可能造成大批产业末端或非熟练工人失业风险的加剧,也可能导致企业失去竞争力,从而撤出新加坡。同时,新加坡也没有设置失业补偿金,这就鼓励人们宁愿暂时从事一项报酬极低的工作,也不能完全赋闲在家。随之而来的后果就是,在经济发展中越来越多的人提升工作技能,增强竞争力,失业率也随之大大降低。此外,新加坡还有一个区别于其他国家的特点,这里的工会并无权以

㉞ 惠翁达:《新加坡外籍劳工政策》,载许爱智等主编:《21 世纪的新加坡经济:问题与战略》。

牺牲他人的利益为代价、单方面提高其成员的工资。可以说,新加坡的整个劳动力市场是整合为一体的,并不存在如下的割裂和区分——某一个小群体,其成员因为加入工会而获得更高的薪水,而多数人却找不到工作,或者被迫进入非正规行业。

在新加坡特有的制度与观念之下,薪资政策对经济增长的直接推动发挥了关键的作用。这是诸多投资行为背后的一个重要因素,并且导致企业对劳动力的素质要求越来越高,对高技能员工的需求也越来越大。在新加坡,就业机会是通过以市场为基础的增长而创造的。频繁浮动的弹性工资是对市场需求变化所作出的反应,其好处就是经济不景气时不必大批裁员,而且很快就能从衰退中恢复过来,重回高速发展的跑道。此外,劳动力市场灵活可变,有利于充分利用现有人力资本的知识技能。跨国公司内部的人员轮转,与劳动力流动结合在一起,使知识技能在经济中的传播更加广泛,从而带来外商直接投资的利润外溢。

76　　　　新加坡的弹性绩效工资制度有利于资源的有效分配。由于薪酬总额的一部分会自动根据经济的总体表现和每个企业的经营状况而调整,所以现在工资变得越来越多变、越来越适应形势,这已成为一股不可抗拒的潮流。㉟ 一个高效、灵活、响应灵敏的劳动力市场会传递和交流有关相对成本的信息。这种工资制度根据市场的需求配置劳动力,并推行鼓励竞争的规则和相应的纪律。这就使得技能和需求的快速匹配成为可能。结果就是,增长最快速的行业部门劳动生产率相应更高,其雇员也将收获更

㉟ 1987 年,之前的定量参考体系逐渐为弹性薪资制度所取代,根据弹性工资制度,薪资被分为以下三个层面:基本组成部分;相当于一个月基本工资的年度补充,此项在特殊情况下可以调整;以及可变的绩效奖金,此项以利润或生产率所衡量的公司业绩为基础,最高额度为两个月的工资。

多的薪酬。资源在不同行业内的各个企业之间的分配更加高效而合理，从而有力推动经济的增长。

新加坡的薪资政策留下了诸多令人印象深刻的效果。失业率从1965年的超过10％，降低到90年代的不到2％。通过经济的快速增长和就业机会的创造，工人也得到保护。工资上涨背后的推动力量是市场需求，而非政府法规或者工会压力。1973—1997年，新加坡平均实际工资的年增长率接近5％。[36] 这一上升的趋势本身，又加强了工资的弹性，从而引发良性循环。

新加坡诸多合乎理性的政策意味着崇尚竞争、个人激励和利己原则，并允许由市场分配资源。当然，这并不表示这个国家完全接受自由放任的原则，抱持毫不干涉的立场。简而言之，新加坡的内部分配比其他经济体更加依靠价格机制。一直以来，价格机制都是效率的源泉，正如上文提到的畅通的城市交通、低成本高质量的医疗卫生体系，以及开放的市场竞争环境和与世界市场紧密联系，等等。其中，富有弹性劳动力市场也为新加坡的高效率分配贡献了力量。苏联曾拥有超高的储蓄总量，经济增长率却很低，这说明保持高效、合理的投资分配，是多么的重要。

三、人力资本形成的社会政策

众所周知，以市场为基础的竞争非常残酷。而竞争参与者所得到的补偿，就是获得了从经济增长中受益的机会。更高水平的医疗、教育和在

---

[36] 1998—2005年，新加坡的实际工资平均年增长率降至2.7％，这反映出，当企业在面对诸如1997—1998年亚洲金融危机、2001年"9·11"恐怖袭击和2003年"非典型肺炎"爆发等几次不利事件的冲击时，仍需致力于保持竞争力。

职培训，提升了男性和女性劳动者们的综合素质，使他们有可能获得更高的薪酬。多年以来，新加坡的失业率都低得惊人。虽然 20 世纪 70 年代的很多工作职位，都已转移到人力成本更低的周边邻国，但在新加坡，新的工作岗位还是被不断地创造出来。在这个发展迅速的经济体中，就业率居高不下，劳动生产率日益提高，随之而来的就是实际薪资的稳步提升和个人收入的逐年增长。

教育与在职培训

通过教育和在职培训的方式进行人力资源投资，是这项政策的核心所在。新加坡一再强调：人民是本国唯一的资源。从 1960 年至 1965 年，中学入学率翻了一番，为数学和科学等基础学科的发展储备了人才资源。与此同时，越来越多的职业学校也兴办起来。新加坡政府一直在为学校教育和雇员的在职培训提供大额补贴。它强调，每个人——无论其父母的收入状况如何，都将拥有充分的机遇去实现自身的潜力。政府通过颁发奖学金和给予更多学习机会等方式，在全社会范围内搜寻并培养人才，包括那些家境贫寒的聪明孩子。新加坡人一直引以为傲的是，很多出身底层的普通人，的确实现了上升阶层的流动，这实在令人惊叹。在工资谈判中，想要说服有组织的工人们改变他们先前的好斗态度，其中一个重要的因素就是要他们相信他们的孩子将拥有真正美好的发展前景。

20 世纪 60 年代末，新加坡政府开始按照企业管理的（而非普通学校或传统学院式的）原则运行教育系统，以期最大限度地达成中期经济增长的前景。其中，两个紧密关联的目标是：第一，为新加坡培养工业增长所必需的熟练工人和高水平技术员工，第二，避免培养出无法顺利就业的白领毕业生。对任何人来说,获得录取通知书的条件都是平等而合理的,准入标准都建立在一个充满竞争并严格基于考试成绩的体系之上。根据各自的能力和特点,学生们被引导至不同的学科领域。有些人进入理工科院校,以满足对急速增长的应用工程类和财务会计类人才的需求。直到20世纪80年代中期,新加坡受高等教育群体的范围,并没有明显的扩充:在20岁至24岁的居民中,只有10%的人上过理工类院校或综合性大学。将高等教育的受众局限于较少的一部分人,就保证了每个学生都可以享受更高的教育经费,有利于教育质量的提升。还有一部分学生,接受的是非学术性的教育,主要学习偏应用技术或特定职业的课程。直到1985年以后,新加坡的高等教育才在更广泛的人群中普及开来。这是因为,快速的经济增长本身就创造了更多的教育机会。再加上,人口增速放缓限制了学龄人口数量的扩大,每个学生所能享有的资源更丰富了。新加坡学生在学业上要求很高,普遍刻苦努力。全民英语教育有助于毕业生抓住更多机遇。而且,这个国家试图避免设立过多的人文学科专业,因为文科生很有可能一毕业就要加入受教育失业者的行列。总之,精心规划并妥善安排的政府干预,为教育提供了最佳的技术支持,并有助于抑制在发展中国家常见的供给驱动型教育和培训机构泛滥等现象的发生。[37]

在新加坡,教育与本国的产业政策是严密整合在一起的。在这个国家开展业务的公司企业,需要熟悉复杂组装作业和精密工程管理的员工。这时,在职培训的重要性就凸显出来了。跨国公司与政府、工会及员工密切合作,根据本公司的特定需求举办各类培训项目,培训对象也都是内部

[37] W.G.赫夫:《新加坡经济发展:四个教训与一些质疑》,载《牛津发展研究》1999年第27(1)期,第41页。

选拔出的技术精湛、发展潜力大的员工。跨国公司如果参与各类产业技能培训活动，还能从新加坡政府那里得到相应的财政补贴。同样受益的还有雇员，他们得以接受全球行业领军者的指点。所有的在职培训都具有鲜明的针对性，旨在对跨国公司带来的物质资本形成补充，从而以经济增长的角度保证教育经费得到良好的使用。新加坡的在职培训，一方面针对特殊需求，另一方面又具备足够的普适性，随着时间的推移，允许受雇者成功跳槽至要求更高的职位。例如，德国的光学精密仪器公司——蔡司（Zeiss），曾在新加坡培训了 4 000 名员工。当这家公司在日本人的创新压力之下一蹶不振时，其训练有素的员工纷纷转投希捷科技，开始从事磁盘驱动器的生产。⑱

新加坡给予民众的教育机会十分广泛。教育体系未曾显示出对女性的偏见，这帮助她们在日后的劳动力市场中异军突起。至 1999 年，在新加坡的两所公立大学中，女性学生的比重已达 43％。尽管如此，像在其他国家一样，受教育程度较低的父母养育出来的孩子，在学校里仍处于相对弱势的地位。此外，政府经深思熟虑，还采取多项措施，试图改善少数族群，特别是马来裔学生在学校内的表现。因为，马来人偏重以宗教为基础的教育，而且家中子女众多，这些不利因素往往会成为学业的障碍。总之，新加坡民众享有基础深厚的受教育机会，这与巴基斯坦等国形成鲜明的对比。在后者，农村地区的女孩子通常根本没有任何可能获得充分的优质教育。

---

⑱ 对工人的再培训有助于克服其对现代技术的抵制。很多人经常担心新技术会摧毁他们的生计，所以试图予以阻止。19 世纪的法国纺织工人曾把木鞋（法文为 sabot）扔进织布机和纺纱机里，据说这正是"蓄意破坏"（Sabotage）这个词的来源。

通过资产再分配实现增长共享

新加坡人民行动党建立之初，是一个信奉民主社会主义的政党。1976 年，在荷兰工党的威胁下，人民行动党被迫退出社会党国际（Socialist International，SI）。荷兰工党发出驱逐令的理由是，新加坡人民行动党曾镇压独立工会的行动，并压制新闻出版自由。尽管如此，人民行动党仍坚信，经济增长必须在全体国民之间公平地共享。在以李光耀为首的温和派的领导下，人民行动党的民主社会主义并非意识形态上的信仰。它的行动遵循理性原则，尽力避免激进社会主义者们所推崇的收入再分配政策。人民行动党不会接受以高边际收益和高利润税率为代价的发展方式，认为这会破坏职业道德、减少就业机会。此外，它还警惕在领取社会福利和失业救济群体中产生的依赖性文化，主张要防止此类文化腐蚀社会大众。人民行动党坚信，为人民创造更广泛的机遇，帮助人民成为经济增长的参与者，才会有更好的结果。而为了达到上述目标，首选方案是在家庭内部或通过志愿组织来构筑安全网。政府的工作重点，是确保在事前机会面前人人平等，而并非确保人人都得到同样的事后结果。财政盈余积累的周期性再分配的确曾经发生过，但主要通过资产增值的方式，有时用以填充中央公积金账户，以助力提升住房权益的公正性，有时则会分配国有企业私有化的股份。1993 年，当新加坡电信（Singapore Telecommunications，SingTel）公司上市时，政府面向全体成年公民出售公司股权，价格只有其市场价值的一半。

新加坡土地政策中存在的负面作用，主要来源于激进社会主义传统下土地再分配主张的那些令人惊讶的特性，不过，新加坡土地政策经过调整,降低了其负面影响。1966 年《土地征用法》(*The Land Acquisition*, *ACT*)赋予政府权力,确保满足公共事业用地的需求。这里的公共事业既包括学校、医院和住房的兴建,也包括基础设施的开发——诸如道路、供排水道以及大众捷运系统等。根据《土地征用法》,政府及其法定委员会所拥有的土地面积,从 1960 年占国土总面积的约 40%,增长到目前 90%左右。上述新增土地,一部分是由英国军方转交给新加坡政府的,另一部分则来自新加坡国内的个人土地所有者,政府以低于市场行情的价格,从他们手中购买,从而获得部分增值收益。20 世纪 70 年代末,新加坡政府又修改了《土地征用法》,从而获得另一项权力,能够以较早日期(后来确定为 1973 年 11 月 30 日)的价格,购买公共事业用地。根据政府的解释,此举的理由在于,经济发展带来土地增值,用公共资金购买基础建设用地也会抬升土地的价格,然而,个人土地所有者不应该从上述增值中获利。[39] 后来,随着土地的市场价格持续上涨,上述法律涉及的基准年度也定期调整至更近的年份。此外,新加坡还将其拥有的土地向外出租,用于住宅、商业和工业的开发,最长租期为 99 年。[40] 正因为获得了这部分租金收入,政府有实力进一步下调税率,使新加坡的税收环境比其他国家更好。众所周知,很多情况下,收入再分配容易滋长诸多不利于经济增长的因素,而上述新加坡政府的财富再分配方式,并没有对发展产生负面的影响。

---

[39] 李光耀:《从第三世界到第一世界:新加坡的故事(1965—2000)》,第 119 页。

[40] 正如赫夫指出的,新加坡遵循以下经济学原则:在一个资本流动且信息完善的世界里,一个小国不应该对资本征税,而应该对土地、劳动力等固定生产要素征税。

新加坡的社会激励政策,很大程度上在公共住房领域得到了回报。
从 1960 年至 1980 年,新加坡建屋发展局共建造了近 40 万套组屋,且交房速度越来越快。很多人从贫街陋巷的棚户寮屋搬进这些现代化的公寓。新房刚开始采取租赁的方式,后来居住者则可从建屋发展局购买。年复一年,随着业主们的收入水平不断提高,他们又举家搬进更大的组屋——同样是由建屋发展局建造的,包括行政公寓和豪华公寓。到 2005 年,新加坡 88% 以上的居民都居住在政府开发的房屋中,超过 93% 的居民拥有自己的住房。根据购房者不同的收入水平,政府对相应的组屋按揭贷款提供补贴,且补贴力度很大。

学者们相信,新加坡给予国民房屋的所有权,非常有助于在其心目中树立保家卫国的信念,对促进族群团结也发挥了相当重要的作用。为了偿还贷款,新加坡人必须努力工作,大笔储蓄。悬在头上的屋顶,将不受约束的自由租客,变成了肩负沉重责任的房主。他们既是房屋所有者,又是抵押债务人和利益相关者,这无疑对共同创建良好的邻里环境也有好处。组屋单元形成了社区委员会的基础,而社区委员会与政府联系密切,同时又扮演着民间组织的角色。为了加强家庭成员的互相扶持,政府给每一对新婚夫妇发放住房补助金,条件是他们必须选择住在一个离父母家较近的区域之内。组屋居住族群比例的限定不利于同一族群或宗教信众的聚集,反而让他们四处分散,于是,每个社区都充满多样性,不同族群和谐共处。

正如琳达·洛所指出的,日本、韩国和中国台湾地区都曾在强有力的

---

41 本部分关于新加坡住房项目的讨论,主要观点来自琳达·洛:《一个城市国家的政治经济学:政府制造的新加坡》,新加坡:牛津大学出版社,1998 年。

政府领导下，进行过激进的土地制度改革，为这些地区后来得以实现机会均等和经济增长奠定了基础。与此相反，1945 年以后，美式民主之下的菲律宾改革就走向了失败，地方封建势力依然顽固存在。在新加坡，公共住房项目在某种程度上就等同于土地改革。它可以被称为一个"政府制造的新加坡的缩影"。[42]

四、高效的政策设计

新加坡的各项政策，遵守预算约束，依赖价格激励，并致力于为民众创造参与经济增长的机会。除此之外，政策的设计也非常精巧。政府致力于紧跟形势的演变，及时解除那些固有的、制约经济增长的不利因素，及时地调整政策以适应不断变化的外部条件和具体地区的特殊的环境，并在政策出现失误时及时扭转方向。所有的政策都经过精心的规划，连贯而可靠。可以说，在这个国家，从一开始就不存在一个所谓跨越未来 40 年的总体规划。它所拥有的，只是一些基本的原则。

解除制约因素

正如近来一些发展研究理论所强调的，各国必须想方设法，将私人投资引入一系列全新的、非传统的领域，以创造一个可持续的成功增长周期。否则的话，经济增长必将逐渐放缓，最终走向停滞。[43] 这一创造

---

[42] 琳达·洛：《一个城市国家的政治经济学：政府制造的新加坡》，第 3 页、第 181 页和第 240 页。

[43] 达尼·罗德里克、里卡多·豪斯曼、安德烈·维拉斯科：《关于增长的诊断》，哈佛大学肯尼迪政府学院，2004 年，网络访问地址 http://ksghome. harvard. edu/~drodrik/barcelonasep20. pdf。

新产业、摧毁旧产业的过程,被熊彼特(Schumpeter)㊹视为资本主义的本质特征之一。㊺ 通过解除制约因素,经济政策将有助于催生新兴的盈利活动。

新加坡的发展历程表明,进入更高附加值的经济发展领域,是提高劳动生产率的有效途径,并将导致持续的结构转型。在一些国家,政府将自身的职能仅局限于为私营企业发展创造一个有利的大环境,然而,在新加坡,政府却采取更加积极的姿态,通过国有企业制度等各种方式,在各个经济领域中主动地推出一系列改革计划,引领经济结构的调整和重组。

退出马来西亚联邦后,鉴于国内市场急剧萎缩,新加坡曾在短期内推行进口替代战略。但很快这一战略就已不再具有可操作性。接着,这个城市国家就又恢复了自由港的悠久传统,开放的国际市场带来的优势也随之回归。作为繁荣的转口贸易中心,这个国家大有可图。正是出于上述原因,1967—1973 年,新加坡为本国选择了出口导向型工业化的发展方向,将生产的重心放在劳动密集型、低附加值的商品上,比如,纺织品、服装、家具、家用电器、船舶修理,以及对消费型电子产品的简单重复装配等。后来,随着对石油精炼和化学化工等领域的投资力度加大,这个国家的产业资本密集程度进一步提升。

这一时期,新加坡所面临的制约经济发展的最大障碍是本土企业家

83

㊹ 约瑟夫·A.熊彼特(Joseph Schumpeter),1883—1950,奥地利裔美籍政治经济学家,20 世纪最具影响力的经济学家之一,1919 年曾短暂担任奥地利财政大臣,1932 年起在哈佛大学任教直至退休,早年深受"奥地利学派"影响,被认为是"创新理论"的鼻祖,"商业史研究"的奠基人,提出著名的"创造性毁灭"理论,代表作包括《经济发展理论》《资本主义、社会主义与民主》《经济分析史》等。——译者注

㊺ 约瑟夫·A.熊彼特:《资本主义、社会主义与民主》(第二版),纽约:哈珀出版社,1943 年。

的开创精神不足,无法为国内大量的低技能失业者提供足够的就业机会。因此,最关键的问题是,如何创造条件,说服外国跨国公司来新加坡落户扎根。那时,新加坡政府成立了国有企业"裕廊镇集团"(Jurong Town Corporation,JTC),负责工业园区的开发和管理,并向跨国公司提供已建成的厂房。1967年,新加坡政府又出台了一系列税收优惠激励政策,目的在于促进出口。1968年的立法有助于形成和谐的劳资关系,适度的工资调整则有助于吸纳失业者。政府提供的基础设施令跨国公司受益颇多。此外,70年代早期,新加坡还经历了公共组屋项目的迅速扩张,这既创造了大量新的就业机会,又促进了社会的稳定运行。

1973—1984年,新加坡的目标是实现经济结构调整和技术赶超。充分就业实现以后,随之而来的就是工资上涨的压力。而且,若想保持国际竞争力,就必须进行出口升级。新加坡致力于提高产业的人均附加值水平,因此对技术密集型产业——电子、计算机、精密工程与机械、制药等产业的投资就显得愈发重要。国家在政策上也支持这种转变:这一阶段的税收优惠期限政策曾有意识地向技术密集型产业的投资倾斜。[46] 新加坡政府敏锐地意识到,本国经济的约束障碍已变成缺少制造高附加值出口商品的熟练劳动力。鉴于此,相关部门与跨国公司合作,建立产业培训中心,并提供补贴,帮助员工学习新的工作技能。此外,为鼓励企业采用自动化操作,新加坡还从1978年起向外国非熟练工人征税,此举实际上是

_____

[46] 新加坡广泛执行针对某些行业的利润税豁免政策。它们都由经济发展委员会遴选,属于后者管理的各种经济发展计划,包括1959年《先锋产业令》和《工业扩张令》以及1967年《经济扩张激励法案》。能否享受税收减免取决于行业业绩:它适用于特定投资或特定产品出口带来的收入。世界银行编写的《东亚奇迹:经济增长与公共政策》一书强调,这种制约性是"东亚奇迹"经济体产业政策取得相对成功的关键因素。

在鼓励工资增长速度超越生产率提升速度。到 1984 年,雇主向中央公积金的缴费比例已提高到工资总额的 25%。

当历史的车轮运转到 1985 至 1997 年间,新加坡的发展目标变成实现经济上的多元化——既包括行业方面的多元化、也包括地域方面的多元化。1985 年的经济衰退暴露了一个潜在的危险——出口商品过度集中于少数领域,比如电子和化工产业。新加坡人意识到,必须发展更广泛的产业类型,同时保持国际竞争力。在服务业方面,利用作为一个城市国家具备的地理优势和长期积淀的贸易专长,新加坡成功地发展了航空运输、电信、物流、远洋航运,以及港口货物装卸等产业。新加坡的离岸市场始建于 1968 年,在此基础上提供的商业和金融服务后来屡经扩张。政府还运营着一个亚洲美元债券市场。1985 年以后,政府将关注点转移至建立国内的资产管理产业,以降低对纽约华尔街的依赖。到 1993 年,已有 115 家外国银行在新加坡落户。此外,在 20 世纪 90 年代,新加坡人越来越认为本国可以成为一个独立的具备自我运营能力的会展产业中心。再就是,很多生物技术等新兴科技领域的跨国公司被新加坡深深吸引,将它们的区域总部或研发中心设在这里。因此,商业和金融服务规模越来越大,产出达到国内生产总值的四分之一。与此同时,新加坡的工业化完成了向具有更高附加值的资本密集型和技术密集型产业的升级,精密仪器、磁盘驱动器等复杂工艺产业以及高端制药等行业所占的比重越来越大。而且,国家政策对上述转变持积极支持的态度:政府扩大教育设施的规模,以便招收更多的学生、延长学习年限。为了进一步降低本土经济遭受外来冲击的风险,新加坡还试图帮助国内公司向本地区其他国家延伸和扩张,以开辟一个额外的收入来源。

1997—1998 年亚洲金融危机之后，新加坡不断进步，终于演变成一个先进的、能够在全球范围内参与竞争的知识密集型经济体。⑰ 产业结构重组持续推进，目的在于确保本国的长期竞争力。鉴于信息技术的资本支出周期相当不稳定，边际利润不断下降，新加坡转而大力发展化学化工、生物化学，以及制药等产业，旨在逐渐摆脱对前者的依赖。在电子和化工行业内部，也致力于通过不断的产业升级，满足更高的技术水平要求。此外，新加坡正在转型成为一个创新中心，行业横跨高等教育、商业培训和商业咨询、风险投资、工程设计、软件开发等领域，最近，还出现了众多媒体工作室、污水处理和净化设施，以及反渗透海水淡化工厂。新加坡的未来目标是全球人才与思想网络上的一个关键节点。随着"卢卡斯电影"等公司的入驻，数字和互动媒体行业已经启动。据估计，到 2018 年，这个领域创造的产值将达到国内生产总值的 3%。此外，到 2015 年，环境保护和海水淡化技术，以及生物医药行业将为这个国家创造 4 万个新的工作岗位。新加坡还在加大力度，提高市场营销和设计服务的水准，致力于使本国变成国家级大型活动的首选举办地。此举的另一个目标，在于将新加坡发展成为亚洲区域私人银行基金管理、医疗、教育、知识产权保护，以及旅游业的中心。与之前几个时期一样，新加坡通过以下几个措施，对当前正在进行中的转型提供支持：新建更多文化艺术景观并提供众多便利设施，旨在吸引更多的外国专业人士和高级技术工人，前来新加坡投资和就业。

考虑到本国对区域市场的依赖，新加坡政府一直鼓励国内公司主动

---

⑰ 1997 年 7 月，泰铢在巨大的投机压力下贬值，触发亚洲金融危机。随后，危机蔓延到韩国和印度尼西亚，导致货币剧烈贬值、股市断崖式下跌、产量大幅下滑。这次危机威胁到上述国家的金融体系，并导致这些国家的产能急剧萎缩，令很多人的生活一夜之间陷入混乱。新加坡良好的金融局面使其最终得以平稳地渡过危机。

走出东盟和亚洲,组成全球联盟,以更强的姿态参与国际舞台上的竞争。为了支撑对外贸易快速增长,新加坡与新西兰(2000 年)、日本(2002 年)、澳大利亚(2003 年)、美国(2003 年)、印度(2005 年)、韩国(2005 年)等国缔结了一系列双边自由贸易协定和全面经济合作协议(Comprehensive Economic Cooperation Agreements,CECAs),以充实本国在区域和多边贸易自由化方面持续不断的努力。此外,新加坡产业结构调整的重点进一步转移,将创造、创新、创业和企业家的进取精神作为劳动生产率提升的全新动力。

任何一个经济体,在发展过程中总会遭遇各种各样的问题。为了解决这些问题,很多国家早已设计出精密详尽的经济发展战略,其中包括若干结构性改革方案。然而,通常的情况是,这些方案,往往出于政治上的原因,并未严格针对那些最主要的制约因素。结果就是,这些国家的增长表现十分令人失望。与其奢望在一个特定时刻解决各个领域的所有问题,可能更好的做法是,政府在任何时候都能清楚地认识到本国经济面临的最不利的障碍。就像下面这样的情形,在夜晚的街灯下,找丢失的钥匙,不管这把钥匙丢到了哪,可能是之前丢在别处了,但还是要在灯光下寻找,只是"因为这里有路灯",所以不愿离开。对新加坡政府来说,随着时代的前进,经济增长中固有的制约因素会在对其有针对性的改革中发生变化,从而每十年都会产生一些新的挑战,因此,新加坡政府一直坚持的政策是,专注于解决当前最重要的发展困境。

新加坡的经济增长导致产业结构发生迅速的变化,这在一定程度上是新加坡作为一个高度开放的经济体,在区域竞争与全球竞争共同冲击下产生的结果。与其他一些表现出色的东亚经济体类似,新加坡也曾实施一系列成功的经济发展战略,而随着世界上其他国家对这些战略政策的模仿,全球化自身则在这样的刺激下不断地深化。随着本国经济实力在价值阶梯上稳步攀升,在应对不断变化的比较优势时,以及充分利用跨国公司带来的种种好处时,新加坡总是表现出灵活和强大的适应力。可以说,在各项经济政策加持之下,新加坡得以顺利实现上述转型和过渡。

务实的政策调整和修正

为了适应快速转变的形势和环境,新加坡的政策经历数次调整,甚至时有反转。政府致力于规避风险,行事极其谨慎。从 1959 年开始,新加坡政府并没有抛弃英国殖民者的遗产,而是将他们认为有用的东西保留了下来,并且进行全面的改进。当时,并不存在一个未来 40 年的发展蓝图,然而,一路走来,新加坡的核心价值始终未变。在很多政策领域,政府的行为一直都具有创造力和革新力,同时又是灵活可变的。20 世纪 60 年代,为了将每个家庭的子女数量限制在两个以内,政府一方面劝说、敦促育龄夫妇,另一方面还提供各种各样的财政奖励。而到 1986 年,当生育率的极速下降导致劳动力短缺和社会老龄化加剧时,政府的态度又发生了 180 度的转变,开始鼓励国民提高人口出生率——不过有些人认为这一反转来得太迟了。无论如何,之前"生两个就好"的生育控制政策被全新的政策所取代——鼓励"只要父母有能力提供受教育机会和高品质的抚养,那么每个家庭最好能生三个,甚至三个以上的孩子"。随着时代的发展,讲求实效的新加坡教育政策也历经变化,[48]同样应时而变的还有

---

[48] 戴安·K. 莫齐、R. S. 米尔恩:《新加坡政治:在人民行动党的领导下》,伦敦:劳特利奇出版社,2002 年,第 104 页。

前文所述的交通运输和医疗卫生政策。

有的时候，某些政策并未按设想运行，效果也不符合预期。一旦遭遇误判或错估，新加坡政府将立刻行动起来，试图尽快扭转形势。这样的情况很少见，一个例子发生在 20 世纪 80 年代初。当时，所谓的"工资调整政策"进行了自我修正。从 1973 年至 1980 年，新加坡将雇员的工资严格控制在一定的水平之下，这样的政策的确吸引了一大批附加值低、生产率不高的外国劳工。然而，这并未能促进产业的重组。1979 年，政府取消了压低工资的政策，取而代之的做法事实上鼓励工资增长速度超越生产率的增长速度，希望这项措施能激励各个公司加速进入资本更密集的高附加值产业。可以说，始于 1979 年的高工资政策，目的在于协调经济结构的转型——这次转型，由于之前的决策失误，实际上已经延误了很久。尽管如此，企业对该项政策的反应还是比政府预想的慢。虽然修正后的政策在鼓励雇主开展行业重组方面卓有成效，但是，它还是带来一系列负面结果——在很长一段时间里，劳动力成本，特别是中央公积金缴款额激增，随之而来的就是企业竞争力的削弱。后来，情况越来越糟。[49] 在某种程度上，这加重了 1985 年的经济衰退。最终，之前的政策又被废止，紧接着就是中央公的积金缴费率大幅降低，各类雇佣税也被取消或者削减。2005 年，当新加坡政府决定兴建旅游度假综合体时，长期以来关于赌场开设的政策也被推翻。在这样一个建立在弹丸之地上的城市国家，几乎没有犯错的余地。政策必须审慎设计、不断变化，以适应日新月异的环境，解决随时涌现的问题。

---

[49] 肯尼思·伯库逊主编：《新加坡：一项关于快速发展的案例研究》，国际货币基金组织非定期报告第 119 号，第 30 页。

因地制宜的政策规划

关于新加坡因地制宜的政策规划,1980 年以来的货币与汇率政策设计就是一个典型的例子。[50] 在此之前,外汇兑换管制已逐步取消,新加坡也已完全融入全球资本市场。大量外汇套利行为意味着新加坡要么设定国内名义利息率,要么设定名义汇率,但不能两者同时设定。

贸易账户的极度开放令新加坡政府相信,通过名义汇率的变动来使货币政策发挥效力可作为一个中间目标,而实现国内价格的稳定则是最终目的。进口商品在新加坡国民经济中普遍存在,意味着在很大程度上,这个国家的国内价格就等于国际价格乘以汇率。在这种情况下,由政策引发的新加坡元名义升值,将对国内物价和生产成本产生巨大的下行作用,并帮助新加坡金融管理局抵消进口通货膨胀。同样重要的是,考虑到进口价格与国内价格、工资之间强烈的传导关系,试图通过故意令本国货币贬值来刺激出口的政策,则不太可能实现设计者的初衷。相反,新加坡倾向于依靠提升劳动生产率来保持国际竞争力。

新加坡采用了混合型的汇率制度,将三种汇率制度各自不同的特征融为一体。新加坡元是一种浮动货币,似乎是在完全自由兑换的汇率制度之内自由浮动,但浮动的幅度却处在一个未公开的区间内。金融管理局进入并支配外汇市场,根据市场要求在供需双方来回切换,旨在防止汇率偏离某个波动区间——这也是固定汇率制度最关键的特征。最后,新加坡的汇率制度还呈现有管理的浮动汇率制度的特征。金融管理局会定

89

---

[50] 新加坡金融管理局:《新加坡的金融政策运行》;埃里克·帕拉多:《新加坡独特的货币政策:如何运行?》,国际货币基金组织工作文件 04/10 号,华盛顿:国际货币基金组织,2004 年。

期根据当前和预期中的通胀压力,设置汇率波动区间。如果外部通货膨胀——或在较小程度上国内单位劳动力成本对强劲的经济增长所作出的反应——已经构成很大威胁,可能将通胀水平推高到不可接受的程度,那么汇率的波动区间将整体升高,以允许名义上的货币升值,从而保持国内物价的稳定。尽管外汇汇率通常以美元计价,但新加坡金融管理局会时刻监控新加坡元的汇率,并根据一揽子未披露的按贸易额加权货币来规划本国的货币政策。

官方对外汇市场的干预,保证新加坡元的汇率始终在一定的范围内波动。如果投机资本大量涌入导致本国货币过度升值,金融管理局将立即介入,通过出售新加坡元增加官方外汇储备。同样的,如果出现储蓄规模过大的情况——通常以预算盈余或中央公积金高缴费率的形式呈现,并导致国内流动性枯竭,金融管理局也会出手,通过购买外汇、增加外汇储备来满足国内市场对新加坡元的需求。

上述精心设计的货币政策体系对新加坡的经济发展大有裨益。典型的固定汇率制在国内通货膨胀的冲击下会造成货币估值过高,长期以来,新加坡在很大程度上成功避免了这一险境的出现,所以一直保持着实际汇率的强大竞争力。在亚洲金融危机之后的复苏期,当时的制度允许新加坡元对美元及其他主要货币贬值,而对已严重贬值的几种邻国货币升值,同时扩大汇率的波动区间。随之而来的结果是,国内通货膨胀保持稳定,国际社会对新加坡人的金融管理能力信心大增。此外,非正统的成本削减(请见本章后半部分的"目的明确的国家干预"一节)可能对汇率政策构成至关重要的补充。

连贯性和可预测性

不少国家的经济增长表现令人失望，究其原因，就在于政策连贯性的缺失。达伦·阿西莫格鲁曾提到一个所谓"跷跷板"效应：一项政策行为发挥有益影响，本应起到"提振"经济的效果，然而，倘若另一个政策领域内的某项措施造成"抑制"经济的后果，那么前面的"提振"效果将被抹杀。[51] 一些国家通过降低进口商品关税向国际贸易敞开大门，却没能通过扩充国内税基来弥补预算收入的损失。另一些国家允许人为打压国内利率，试图找到由市场决定的平衡，却并未考虑到偿还政府债务的成本会随之增加。另一个例子是，执行必要的财政调整时，采取的方式却是削减优先领域的基础设施建设或基本医疗和教育开支。这些政府决心建立大规模的社会保障计划——诸如收入转移、非目标性津贴，以及过度的公共部门就业等。对这些政府来说，以上采取的做法其实就是一个潜在的风险。

与这些政府相反，新加坡发展经验中的很多案例，都体现出其政策高度的连贯性。所有政策都经过精心设计，力争相互支撑，造就良性循环。[52]

首先，外商直接投资的流入、遵守原则又灵活可变的弹性工资政策、创造就业机会、教育，以及由此带来的经济增长本身，以上所有因素都紧密地交织在一起，彼此间的因果关系从各个方向互相加强和促进。因此，由于工资和教育政策，外商直接投资的流入成为可能。后者创造了大量工作岗位，并促进了经济增长，结果就是劳资关系长期处于非对抗的状

---

[51] 阿西莫格鲁、西蒙·约翰逊、詹姆斯·A. 罗宾逊：《长期增长的根本原因——制度》。

[52] 将恶性循环转变为良性循环是发展经济学中一个早已确立的观点，林崇椰《东南亚：长路漫漫》(第二版)，第366页，也强调了这一观点，并据此创造了"累积因果关系理论"。

态。实际工资一直稳步提升,劳动者也拥有获得低成本住房和教育服务的权利,这在促成平静、和谐的政治和产业环境的同时,还抑制了进一步的工资要求,后者反过来有助于保持宏观经济的稳定。与此同时,随着经济增长和充分就业的实现,新加坡人对外资和外国劳动力也没有表现出明显的反感或排斥情绪。

其次,在国内较低的通胀水平支撑之下,新加坡的国际竞争力得以保持,政府也能够通过中央公积金以较低的成本借款,并说服中央公积金的参与者们相信,他们积累储蓄的购买力不会随着时间的推移而遭到侵蚀。与此同时,低通胀率令人们对新加坡元的价值充满信心,从而给金融业的发展留下空间,并有助于维护工资的约束原则。宏观经济平稳运行造就了强有力的基础,允许新加坡民众享有不受限制的外币兑换和利润汇回的权利。

最后,保持政策的连贯性还有一个有益的后果,那就是令人们确信本国的政策是可预测的、可信赖的。石油危机的冲击曾导致新加坡的贸易条件恶化、进出口额大幅下降,为此政府的解决方式是将支出调整为较低的可支配收入。融资被限制在一定范围之内,只能提取通过早期储蓄建立的一部分资产,而不允许产生新的债务。因此,危机之后的新加坡经济迅速反弹,投资者的信心得以保持。可以说,从1965年至今,新加坡主要的经济政策原则和战略发展纲领都具有相当明显的连续性,尽管如此,为了从容地应对风起云涌的国际环境,其讲求实效的原则和战略也历经多次关键性的变化。新加坡政府与本国经济的主要参与者之间一直保持相互信任的伙伴关系,因此所有政策在政治上都是可持续的。而且,政策在面对外部冲击和全新挑战时,具有强大的适应能力和调整能力,使得新加坡的经济能够做到自力更生,以一个成功催生另一个成功。

五、四个基本原则

新加坡卓越的经济发展成绩背后，有一个因素一直发挥着至关重要的作用，就是这个国家的整体政策框架。其中，四大原则已经确立：（1）财政纪律有助于储蓄积累，并奠定宏观经济稳定性的基础，而只有保持稳定，才能激发投资者的信心。（2）在医疗卫生、交通运输和劳动力市场等关键领域，运用价格激励措施，并通过与国际市场接轨，促进资源的有效配置。（3）通过改善医疗、教育和住房条件，提升劳动者的生产率，从而使民众拥有参与经济增长的机会，共享经济成果。（4）政策设计适当、精密且高效。这些政策通过消除私人在新兴高利润行业的投资约束，促进经济结构的动态调整和重组，适应不同时期瞬息万变的内外部环境，充分考虑每个地方的特殊情况，并且具有高度的连贯性。这四大原则应用于一系列的政策之中，有助于新加坡实现高水平的要素积累和劳动生产率的提升；而在这个国家，上述两者的实现也都离不开外商直接投资的流入。

我们强调和说明了新加坡的四大政策原则，为其他国家评估本国经济政策对经济增长的贡献程度提供了有用的基准。虽然像储蓄等指标的程度和规模都是值得商榷的，但这些原则本身一般不会引起争议。[53] 接下来，本书将要讨论新加坡经济政策中的另一个并不能普遍适用的关键因素。

---

[53] 政府主导的结构调整步伐可能太快。阿尔文·扬（《双城记：香港和新加坡的要素积累和技术变革》，载斯坦利·费希尔、奥利维尔·布兰查德主编《1992 年美国国家经济研究局宏观经济学年鉴》，马萨诸塞州剑桥：麻省理工学院出版社，1992 年）认为，新加坡的全要素生产率曾经很低，是因为在劳动力还未做好充分准备、旧技术还没发挥全部作用之前，政府就在激励计划之下过早的引入先进的实物资本。

六、目的明确的国家干预

在新加坡,长期以来推动经济持续增长的力量,并非当地的私营部门,而是国家。那只看不见的手,虽然通过自我的逐利行为服务于公共福祉,但却被一只强壮有力的臂膀牵引着,那就是遵循适度介入原则的国家政府。㊄ 新加坡,从来都不推崇盲目的市场原教旨主义或完全的自由放任。相反,政府时刻与市场保持密切的合作,绝不会忽视市场的力量,更不会向它发号施令。新加坡经济发展战略的首任设计师吴庆瑞坚信,支持自由市场原则与必要时提倡有效的国家干预,二者并不存在任何矛盾。人民行动党执政下的新加坡政府大力干预整个经济。政府就像经营一个公司一样经营这个国家,为它规划了长期的发展战略。1960 年,阿尔伯特·温思敏博士(荷兰经济学家,曾任新加坡经济顾问——译者注)首次到访新加坡,此后他不断地定期来访,并帮助新加坡政府制定宏观经济规划,为新加坡的经济发展政策搭建了框架。40 年的发展历程中,多个特别小组和经济咨询委员会相继问世,制定了大量的具体的定量指标。所有政策的出台,都经过缜密的论证,且都旨在解决某一个具体问题。所有政策,都以未来某个时间节点必须达到的定量目标为检验标准,随时监控,保证政策仍在预期的轨道上平稳运行。20 世纪 80 年代,关于全要素生产率的争论催生了一个新的委员会,其任务非常明确,就是确保全要素生产率每年至少达到 2% 的增长。2002 年,新加坡又制定了一个发展生命科学的计划,目标也同样清晰与具体,要到 2010 年,"至少 15 家世界级

93

㊄ 琳达·洛:《一个城市国家的政治经济学:政府制造的新加坡》,第 23 页。

公司"在新加坡设立区域总部，这是一个了不起的目标。

关于上述内容，分为以下三个方面阐述。

企业家的角色

首先，国家本身就通过国有企业的方式，扮演着企业家的角色。国家既是政策的制定者，又是执行者与完成者。[55] 新加坡经济活动中一个非常重要的部分是由众多法定委员会和大量政府关联公司来组织运行的，这些关联公司的数量据估计达几百家。[56] 此外，政府还控制着规模庞大的中央公积金储蓄的使用权。通过最大限度地利用这些政府关联公司，新加坡政府已成功助力本国完成了经济模式的转型——从单纯的跨洋贸易中转站变成集造船、金融、电子等行业于一身的多元化经济综合体。此外，政府关联公司还发挥着另一个重要作用，那就是通过强调其管理的独立性，对跨国公司形成制衡，从而降低新加坡对后者的依赖。很多政府关联公司，如新加坡航空公司等，在证券交易所上市交易，因此部分股权由私人掌握。在最主要的几个法定委员会中，裕廊镇

94

---

[55] 琳达·洛：《一个城市国家的政治经济学：政府制造的新加坡》，前言。

[56] 政府关联公司是由政府控制的公司，属于一个法定董事会或四大控股公司之一，其中淡马锡控股的资产规模最大。新加坡的法定董事会实际上是政府行政体系的延伸。它们由各个行政部门监督，对国会负责，但在日常运行中享有自主权。据估计，在 20 世纪 90 年代末，政府关联公司的产值贡献了新加坡国内生产总值的 13%（资料来源：G. 皮布尔斯、P. 威尔逊：《新加坡经济增长与发展：历史和未来》，第 14 页）。截至 2005 年 3 月底，淡马锡控股的投资组合价值已达到 1 030 亿新元（数据来源：http://www.temasekholdings.com.sg/2005review.）。淡马锡约有一半的资产位于新加坡本土，但其有意将这部分所占的比例降低至三分之一，同时将其在亚洲其他地区的持股比例提高至总资产的三分之一。在中国，淡马锡控股曾购买银行、购物中心、集装箱运输设施和制药企业；在英国和德国购买了酒店和养老院；在孟加拉国则购买了电信设施等。新加坡最大的 10 家公司中，淡马锡是其中 7 家的控股股东，包括新加坡电信有限公司和新加坡航空有限公司。

集团始终在工业、商业和一些旨在促进科学发展的行业领域的建设和管理中发挥着先锋龙头的作用，从而为更多的跨国公司进入新加坡提供支持。此外，新加坡公用事业局（the Public Utilities Board，PUB）、新加坡港务集团（the Port of Singapore Authority，PSA），以及新加坡建屋发展局也同样扮演着极其关键的角色。

在很多发展中国家以及一些发达国家，国家政府都参与了经济活动的方方面面，并起着举足轻重的作用。这种情况在整个世界范围内都曾十分普遍，直到最近25年才有所改变。新加坡也是如此，像许多其他国家一样，公共事业经历了逐步私有化的过程。然而，其他国家的公共事业通常并未显现出任何盈利能力、预算纪律和动态活力，新加坡的情况却恰恰相反。还有一点不同在于，新加坡众多的政府关联公司并未被用于实现社会目的或创造就业岗位。在这个国家，很多由政府控制的企业一直有着强劲的财务表现。名声最响、利润最高的企业，往往都是政府关联公司，比如新加坡航空公司、新加坡电信、星展银行、吉宝集团和胜科工业集团等。一份关于政府四大控股公司之一的淡马锡控股的报告显示，虽然在之前5—10年，亚洲金融危机和股票市场波动曾导致该公司的收益大幅下滑，但在过去的31年间，其股票持有者的年均回报率仍高达18%。⑤⑦此外，新加坡航空常年位列全球声誉最佳的航空公司之一。它的成功，既来源于精英管理，也离不开对公司商业运作原则的坚持，即始终将自身作为一个独立自主的盈利主体。在劳资纠纷最紧张的时刻，政府曾发出警告，如果公司管理层和工会仍未达成合作，将关闭该公司，这就强调了这些公司盈利能力的重要性。

---

⑤⑦ 来源请见网址：http://www.temasekholdings.com.sg/2005review/。

选择性的干预

国家干预的第二个方面是采取选择性的干预。尽管新加坡对外国资本高度开放,但也在对其进行选择性的引导。国家在引导私人投资进入战略发展的关键领域发挥了重要作用。其中主要的工具是各种税收优惠和财政激励措施,包括5—10年的利润税豁免,或以补贴价格向某些特殊行业提供土地等。上述减免优惠的经济学原理是,外商直接投资可能为新加坡创造额外的收益,且这些收益不太容易反映在它们自身的利润当中。有利的外部性包括以下三类:首先,各公司之间科学知识与技能的大量外溢;其次,催生大批本国的专业化公司,它们可能成为跨国公司的供应商或与跨国公司成立合资企业;最后,通过向外国先进企业学习,在瞬息万变的规模经济中可捕捉到新的发展机遇。

在任何一国的经济增长历程中,不可避免都会遭遇一些陷阱,处理不好将严重阻碍进步,那么,新加坡的工业政策是如何绕过陷阱、避免跌落的呢? 第一,鉴于本国一直保持良好的财政状况,赋予某些行业税收减免优惠并不会损害政府收入。此外,新加坡经济发展局会与一些外国投资者建立合资企业,获得了分享利润的权利。这显然对新加坡的财政预算大有好处。第二,税收优惠的给予是有条件的。从1967年起,新加坡政府已连续15年对那些经审核批准的制造业企业大幅降低它们的企业所得税,将税率从40%降低至4%,不过这些企业享受减税的前提是制造的产品必须要出口,同时企业也一定要经受住国际市场的考验。第三,政府引导跨国公司进入本国的发展轨道。从最初强调劳动密集型生产,到之后的资本深化和技术升级,再到后来的多元化发展,这样的发展轨迹是与新加坡比较优势发展路径相一致的。[58] 资本密集型生产必须严格遵循市场的现实要求。第四,在所有政府致力于推动的项目中,后来被证明判断失误的数量,似乎相对较少。[59] 这种高成功率可能一定程度上反映出新加坡政治体制的特性,即确保寻租活动无法决定哪家企业或哪个行业能够获得优惠待遇。[60] 为刺激新的经济增长点,新加坡曾采取过一系列审慎的步骤,目前看起来成效颇丰。2000 年以来,生物制药迅速崛起,已经成为一个估值 180 亿新加坡元的大型产业,2005 年对国内生产总值的贡献率约为 5%。当然,精心挑选出来的赢家也可能最后走向失败。新加坡政府充分意识到为战略研发分配资金时的风险,因此,在提供支持方面一贯非常谨慎。

反周期干预

国家干预的第三个方面是政府倚重于直接反周期的干预方法。当面对不利的外部需求冲击时,比如 1997 年亚洲金融危机,新加坡政府就会拾起这件非同寻常的武器。究其原因,当遭遇危机、试图刺激需求时,货币政策往往是软弱无力的,财政政策则只能发挥极其有限的效力。维持本国生产所需的进口产品数量极大,很快就将财政激励外溢到国外的附加需求上了。政府拥有的这支别国没有的利箭就是直接出手干预,利用自身对公共事业的影响和下调中央公积金雇主缴费率,暂时降低

---

[58] 这一点也是世界银行着重强调的(引自世界银行:《东亚奇迹:经济增长与公共政策》)。

[59] 一个例子就是"新加坡科技集团"(简称"新科集团")在 1996 年收购了一家硬盘驱动器制造公司"微城"(Micropolis),结果由于激烈的同业竞争遭受巨大的损失。

[60] 肯尼思·伯库逊主编:《新加坡:一项关于快速发展的案例研究》,国际货币基金组织非定期报告第 119 号,第 19 页。

本国的商业成本。这种直接的干预方法，正如 1998 年所为，对实现真正的成本削减十分有效，同时，还使跨国公司的投资者们相信，新加坡政府在帮助他们保持国际竞争力方面，的确是恪守承诺的。相较其他国家，在新加坡，大规模的裁员和长时间的衰退就更容易避免了。

在很多国家，当应对黏性名义工资不断下降之时，大幅度的名义货币贬值往往是最后的、也是唯一的应对手段，而此时，通货膨胀加剧就会成为一个十分危险的副作用。相对而言，新加坡倾向于采用灵活度更高的直接干预的手段。此外，新加坡的工资制度还具有内在弹性——如果国内生产总值的增长未达到既定指标，工人薪酬的很大部分就会自动减少。结果，新加坡元的实际贬值幅度比正常情况下会更低——这种有利结果的出现是因为在高度开放的经济体中，名义货币的贬值很快就会被进口价格的上涨所抵消，随之而来就可能是投资者信心的削弱。可以说，政府直接干预的手段帮助新加坡经济在 1999 年中重回增长轨道。[61]

其他国家采取直接干预的措施未能奏效，究其原因，正是缺少健全的政策执行基本原则，诸如预算纪律、以市场为基础的资源高效配置、称职的行政管理体系，以及广泛分享经济增长成果的机会等。政府如果支持高效的出口导向型发展，那么它在投资政策中所扮演的角色就不一定会妨碍持续的增长。规划并不总是一个错误。在大多数案例中，新加坡政府的干预行动实际上运行良好且功效显著。

尽管如此，快速扩大的众多政府关联公司和法定委员会却也导致另一种担忧，即质疑它们是否侵占和蚕食了过多的非战略性产业，并将小型

---

[61] 这些直接干预的措施，曾在 20 世纪 80 年代上半期发生逆转：高工资协议的达成是以中央公积金缴费率的提高为代价的，部分目的在于吸收过剩的流动性。

私人企业排挤出局。有些人据此提出指控,本国大批公司本来已走上蓬勃发展的道路,却遭遇前者的严重阻碍。[62] 还有另一种不同的批评声音,称前者的经营水平实际上比私营企业差得多,因为其管理者多为公务员,往往缺乏商业头脑或充分的风险偏好。

---

[62] 拉米雷斯和谭灵惠发现,相对于私营公司,人们往往将政府关联公司视为更优质的投资对象。(引自卡洛斯·D. 拉米雷斯、谭灵惠:《新加坡国有公司 vs. 私营企业:政府关联公司到底有何不同?》",国际货币基金组织工作人员报告第 51 卷第 3 号,2004 年。)他们证明,与在新加坡上市的私营公司相比,政府关联公司拥有更高的与账面价值相关的市场价值[这一比率由 1981 年诺贝尔经济学奖获得者吉姆·托宾(Jim Tobin)提出,代号为 Q,Q 比率=公司的市场价值/资产重置成本——译者注]。在控制了通常用来解释 Q 比率的变量(如市盈率、负债股本比和公司规模)后,拉米雷斯和谭得出结论,资本市场似乎奖励一家公司与政府有联系的事实,这可能是因为"品牌识别","或者因为投资者可能认为,无论是对是错,新加坡政府都会保护政府关联公司免于失败"。

第四章 促进经济增长的制度和文化

一、制度——新加坡经济繁荣的基础

新加坡开创了一系列令人惊叹的经济增长纪录。这个国家长期繁荣的基础所在,正是拥有一套完整的制度体系——制定和实施稳健经济增长政策的制度体系。这套制度体系使良好的政策发挥作用,催生了本书第一章中所述的经济增长的直接因素,此外,诚信、可靠的制度体系还营造出一个有利于投资的大环境,这显然直接有利于要素积累、技术进步和效率提升。

支持政策执行的制度

世界各国政府,往往都会规划各种各样的发展战略,力图促进经济的增长。然而很多时候,这些战略却很难付诸实施。很多国家,包括新加坡,也曾设计诸多政策,旨在整顿财政、实现以市场为基础的资源有效配置、建设人力资本、向具有更大增长潜力的新兴行业进行资源的动态分配,等等。在人们的期待中,这一系列政策应达到连贯的效果、相互协调促进,将已处于恶性循环中的国家经济拉回到良性发展的轨道。然而,与新加坡不同的在于,很多国家的政策通常并未执行,或者问世不久即遭夭折,或者刚刚开始发挥一点有益的影响,其效果却很快被后来完全相反的政策所抵消。在很多情况下,规划好的政策之所以无法一以贯之地执行下去,原因就在于缺乏促进增长的制度的支持。新加坡的经济实力超过许多其他国家,恰恰反映出它所具有的卓越的规划和执行能力。

在一些国家,虽然早已制定出合理的宏观经济政策和结构性政策,但由于制度不健全,导致这些政策根本无法实施,结果就是经济发展遭受严重挫折。运行不畅的行政体系——包括地方政府层面,通常导致很多与推动经济增长相关的政策,比如财政整顿,根本无法落地。任何一国政府,如果缺乏效率与诚信,那么这个国家肯定不能建立有效的教育、医疗和劳动力市场体系,培育有生产力和竞争力的劳动者队伍更是无从谈起。与此同时,构建起实现经济增长所必需的强大的金融体系和资本市场,也无异于痴人说梦。

通常情况下,各种促进经济增长的政策之所以无法顺利执行,主要是由于政府缺乏"政治意愿"。不过,即使政策的制定是出于良好的意愿,但只要还存在通货膨胀率高企、公共事业巨额亏损、行政机构办事的繁缛拖沓使新企业建立耗费大量的时间和金钱,以及劳动力市场缺乏弹性等这些问题,就证明当局并未真正拥有促进经济增长政策的"所有权"。然而,在政策执行不力的表象之下隐藏着的,往往是失灵的社会契约,即如何公正地分配经济增长过程中的收益与损失。对这一点采取模糊原则从而得到的表面上的共识,并不能掩盖社会内部产生的根本分歧。要去说服大众舆论，媒体和精英阶层的这项艰巨任务却尚未取得突破，因此，政策仍然处于无法付诸实施的状态。那么，究竟是为什么，在新加坡顺利执行并取得成效的政策，在其他地方却走向失败呢？

1993 年，诺贝尔经济学奖获得者道格拉斯·诺斯（Douglas North）[1]将制度定义为"游戏规则"，其存在的意义在于设置激励，并规范社会内部每个组织和个人的行为。[2] 制度可以是正式的成文规定，比如一个国家的宪法、法律、条例或内部规程；也可以是非正式的价值观或行为准则，比如驱动那些官僚行为背后的原则。制度是由人创造的，是根植于本国历史传统的。制度设置激励——包括通过签订合同和契约，使整个社会得以在秩序的轨道上组织和运行。健全、合理的制度能够在民众之间创造一种广泛的共识——"大家都能理解，允许那些有助于经济增长的政策诉诸实现，是十分必要的"。可以说，制度是国家治理的内在机制。

高效的制度直接促进经济增长

正如上文所定义的，制度本身也直接有助于要素积累和劳动生产率的提升。尊重财产权和公正司法，以及坚持法治等，都有利于培育一个鼓励投资的大环境。支撑持续增长的制度包括很多方面的内容，比如确保民众拥有获取劳动力和资本回报的权利，再比如保护民众免遭国家威权和他人强权的掠夺。倘若上述制度不幸缺失，人们就会担忧可能失去应得的收益，物质资本和人力资本的投资势必遭到侵蚀，劳动者的生产积极

---

[1] 道格拉斯·诺斯（1920—2015），美国经济学家、历史学家，新经济史的先驱者、开拓者和推广者。由于建立了包括产权理论、国家理论和意识形态理论在内的"制度变迁理论"，获得 1993 年诺贝尔经济学奖。——译者注
[2] 道格拉斯·C.诺斯：《制度》，载《经济学展望》1991 年第 1 期（总 5 期），第 97 页。

性也将大打折扣。

促进经济增长的制度还允许个人和企业充分利用技术进步或国际贸易自由化带来的发展契机。③ 灵活可变的劳动力市场、企业的准入与退出规则、获得信贷与知识的权利,等等,这些良好的制度使个人与企业能充分利用市场机会。如果没有这些良好的制度,经济结构的快速转型,向更高附加值的经济发展迈进,以及由此带来的生产率水平的提高,都将遭遇重重障碍。

总之,许多增长速度较低的国家所缺乏的,正是能够推动宏观经济和结构性政策持续执行的制度。而只有实现宏观经济和结构性政策的持续执行,高效的物质资本和人力资本形成、高度的劳动力市场参与、高速的技术进步和劳动生产率提升才有可能实现。换句话说,良好的经济政策与国家制度,两者紧密交织、相互作用,共同构成促进经济增长的直接原因。

根据达伦·阿西莫格鲁及其合作者曾进行的实证研究,当今不同国家之间的人均收入水平之所以存在约四分之三的差异,完全可以用"制度"的区别来解释。④ 经济发达的国家一般都拥有"良好"的制度,而低收入国家则普遍被打上制度"糟糕"的烙印。在这项研究中,关于如何粗略衡量某个国家制度的质量,作者设定了若干定量指标,包括这个国家对法治的尊重程度、公共行政机构的廉洁程度,等等。然而,其中的因果关系并不是单向的,而且高收入阶层也会对制度做出反馈。尽管如此,依赖于

③ 世界银行也曾着力推动这一主题行动(世界银行:《为市场创设制度》,载《世界发展报告》,纽约:牛津大学出版社,2002 年)。

④ 达伦·阿西莫格鲁、西蒙·约翰逊、詹姆斯·A. 罗宾逊:《长期增长的根本原因——制度》,载菲利普·阿吉翁、史蒂文·杜尔劳夫主编《经济增长学手册》。

工具变量的计量经济学方法仍然支持以下结论——制度作为经济增长的关键性决定因素之一,对一国的发展至关重要。1953 年以来,朝鲜与韩国之间的经济增长表现之所以形成如此巨大的反差,正凸显出不同制度下形成的不同经济政策产生的重要作用。⑤

新加坡经济增长背后的强大制度

新加坡建立了一整套具有可持续性的制度,帮助本国创设了堪称亚洲最佳的投资环境,为商业发展提供了极其友好的条件。这主要包括以下几个方面:(1)高效的公务行政体系;(2)对法治的尊重和对个人财产权的保护;(3)公共部门高度的诚信与廉洁;(4)社会包容造就的政治稳定。

称职且高效的行政体系和政府治理

正如《经济学人》曾指出的那样,新加坡以其标志性的高质量行政管理闻名于世。⑥ 2003 年,当非典型性肺炎疫情暴发时,新加坡的迅速反应和有效处理,就是一个典型的例子。毫无疑问,新加坡官僚体系的运行十分高效。⑦ 在这个国家的文官招募与晋升中盛行精英主义原则(任人唯才)。公务员享有很高的社会地位。他们的薪酬,即便跟私营企业相比也具有很强的竞争力,而且避免了在其他国家很常见的薪资级别上的工资浓缩、差距过小等现象。由于新加坡的行政部门并不存在机构臃肿、人浮于事等弊端,行政体系内普遍人员精干、工作勤勉,所以即便公务员都拿着极富吸引力的高工资,也并不会造成政府预算负担过重。可以说,新加

103

⑤ 戴维·N. 韦尔:《经济增长》,第 332 页。
⑥《经济学人》2006 年 3 月 23 日。
⑦ 诸多法定委员会的工作人员,虽然并不是公务员,但也被视为新加坡官僚体系的一个组成部分。

坡拥有许多办事能力强、运行效率高的机构。随着时间的推移,这套制度之下的年轻公务员都被灌输了高效治理的务实理念。

新加坡经济发展局是规划和执行政府发展战略的牵头部门,自 1961 年创建以来,一直享有崇高的声望。许多跨国公司都将新加坡作为向全世界出口商品的平台,而作为对接所有跨国公司的一站式办事窗口机构,经济发展局的公务员在吸引外资、协商交易条件、协调沟通等方面发挥了相当关键的作用。正如李光耀所回忆的,新加坡建国之初,环境不利、前景黯淡,任何一点微小的成功,都需要经济发展局的工作人员锲而不舍地付出。他们都是从最优秀的人才中精挑细选出来的,每一个人都热切地渴望学习,积极主动、兢兢业业地为这个年轻的共和国服务。[8] 1968 年,德州仪器公司在新加坡建厂,美国国家半导体公司、惠普公司、通用电气公司等紧随其后,经济发展局的工作人员的努力获得了可喜的回报。新加坡曾出台过一系列旨在吸引外商直接投资的经济政策,而经济发展局的卓越能力和强大专业性所扮演的角色,则是一条重要的制度纽带,将上述政策与诸多跨国公司连接在一起。[9] 1982 年,希捷公司放弃中国香港地区和韩国而落户新加坡,经济发展局就是其中一个起到关键作用的因素。

在建立强大的银行体系和资本市场的过程中,新加坡金融管理局一直处于举足轻重的地位。1968 年授予"美国银行"特许经营权之后,新加坡一步一个脚印,逐渐演变成全球金融业的中心之一。到 20 世纪 90 年

---

⑧ 李光耀:《从第三世界到第一世界:新加坡的故事(1965—2000)》,第四章。

⑨ 埃德加·H. 沙因:《战略实用主义:新加坡经济发展局的文化》,马萨诸塞州剑桥:麻省理工学院出版社,1996 年。

代末,金融服务业占新加坡国内生产总值的比重已达 12%。尽管如此,为了使投资者相信新加坡金融体系的完整性,以及具有防范系统性风险的能力,这个国家多年来在国际上进行了一系列不屈不挠的斗争。其中,新加坡金融管理局作为监管机构,在对金融部门的监管中一贯采取严谨的态度,坚持要求银行保持高资本充足率,并密切监控金融机构的不良资产持有率及其对相关法律法规的遵守程度。银行家们有时候会抱怨,自上而下的监管扼杀了私营企业的创新精神,但金融管理局执行强大而谨慎的监管,换来的却是投资者的信心。1997—1998 年亚洲金融危机期间,新加坡遭受的冲击比邻国小得多,其金融部门的损失被降到最低,上述未雨绸缪的监管就是主要的原因之一。⑩

没有哪个国家的国民乐意交税,新加坡人也是如此。然而,这个国家民众的纳税服从性很高,因为总体而言,大部分新加坡人对各项法律法规都倾向于严格遵守。此外,还有一些其他因素,如:政府负责公平、合理地分配纳税人的钱,在支出方面也遵循严格的规定;所得税税率定得很低;税务和海关部门服务专业、高效有序;等等。事实上,正是在上述两个部门的协助之下,新加坡的财政政策和贸易开放政策才能取得超乎寻常的成功。当然,并不是说这两个部门一直运行的顺风顺水。事实上,早期的确存在一些问题。1991 年之前,税务部门一直面临所得税纳税评估事项大量积压的问题。这是多年积累造成的结果,因为在这一年以前他们不得不重新计算所有纳税申报单,再加上,随着国家经济的起飞,前来申报

---

⑩ G. 皮布尔斯、P. 威尔逊:《新加坡经济增长与发展:历史和未来》,第八章。

所得税的人越来越多,而新加坡的公务员体系却不允许大量招募新员工。⑪ 因此,那时候税务部门的工作人员个个情绪低落。为了扭转困难的局面,1992 年,税务部改组为一个法定委员会——新加坡国内税务局(Internal Revenue Authority of Singapore,IRAS)。政府向新加坡国内税务局支付一定的经费,支付数额与绩效挂钩。这个新建的部门立即着手引入纳税人自我评估和申报系统,对工作流程进行彻底地调整,同时进行重大的技术升级,着力实现全面的办公自动化。显然,上述努力都有助于提升员工的士气。值得注意的是,新加坡税务管理部门改革的时机很有意思。它表明,制度的升级是一个长期持续的过程,并将得益于经济增长本身。尽管如此,制度的完善性并不是经济起飞的先决条件。

　　傅高义(Ezra Vogel)⑫曾主张,"新加坡不同寻常的地方并不是精英管理者的优越地位,而是这样的一个事实——从下到上几乎所有的新加坡政治领导人都是精英主义原则的产物"。⑬ 事实上,关于人民行动党如何通过严格的选拔过程,在本党内部的人才中遴选议员候选人,并最终对某些人委以部长级别的重任,戴安·莫齐和 R. S. 米尔恩曾有过精彩的描述,并严格记录了当选者在专业技能和性情品质方面的标准。⑭ 人民行动党极端重视本党成员展现自身成就的能力,并在一定程度上依据此项能力给予晋升或降职。政府各部门的高级官员密切合作,加入各种政府

---

⑪ 穆库尔·阿舍:《面向 21 世纪的新加坡税制改革》,载许爱智等主编《21 世纪的新加坡经济:问题与战略》,第 415 页。

⑫ 傅高义,1930 年出生,美国社会学家、汉学家,曾任哈佛大学费正清东亚中心主任,著有《邓小平时代》《日本第一》《重整旗鼓——重建美国实例分析》《共产主义制度下的广州:一个省会的规划和政治(1949—1968 年)》等。——译者注

⑬ 傅高义:《驯服的小龙》,载科尼尔·S. 桑胡、保罗·惠特利主编《成功的管理:现代新加坡的塑造》,新加坡:东南亚研究所,1989 年,第 1052—1053 页。

⑭ 戴安·K. 莫齐、R. S. 米尔恩:《新加坡政治:在人民行动党的领导下》,第 48—49 页。

关联公司和法定委员会担任董事等要职，从而形成一种综合性的科层制体系。政府关联公司实行交叉管理，这是一种微妙但有力的方式，国家以此来促进各项宏观经济政策协调运行。⑮尽管上述做法有时会遭到批评，但从人民行动党的立场来看，顶级人才的缺乏将不可避免地促成某些人承担多重职责，随之而来的就是各部门的相互配合。新加坡金融管理局主席常年兼任财政部长一职，两个部门的高效协同从而得以实现。当然，上述局面也可能造成潜在的利益冲突，在很多国家，这可能就已经导致失控的恶性通货膨胀了。然而，新加坡的事实证明，这只狐狸与众不同，鸡舍得到了充分的保护。

劳动力市场制度

在欧洲，政府须扮演资方与工会之间的调解人、承担缓和劳资冲突的职责，这是一种很普遍的观点。"三方主义"首次明确体现，是在"国际劳工组织"1919 年的宪章中。它试图将民众对社会正义的要求与企业提升竞争力和促进经济发展的诉求协调起来。1972 年，新加坡通过创设国家工资理事会（National Wages Council，NWC），将工资协商行为常态化、制度化。这个机构的建立，就是在紧缩的劳动力市场中搭建一个框架，旨在有序地解决工资问题，以防止工资谈判引发通货膨胀。国家工资理事会由政府、企业雇主和工会三方共同委派代表组成，主席则由一位中立人士担任，并以协商一致的方式作出决议。⑯每一年，这个机构会首先审查评

---

⑮ 琳达·洛：《一个城市国家的政治经济学：政府制造的新加坡》，第 164 页。值得注意的是，新加坡的政府关联公司有时会进行牵扯到国家政府的非常复杂的国际并购行动。

⑯ 林崇椰教授于 1972—2001 年一直担任国家工资理事会主席，用莫齐和米尔恩的话说，"人们普遍称赞他为构建三方机制所做的贡献"。（引自戴安·K. 莫齐，R. S. 米尔恩：《新加坡政治：在人民行动党的领导下》，第 207 页。）

估之前的工资水平和整体经济走势,然后向政府提出不同部门的工资调整指导意见。这些指导意见,最初仅以定量形式呈现,但 1987 年以后改为定性分析。当时,新加坡正朝着更侧重以市场为导向的"弹性工资"体系转变,指导意见表达方式的改变,也与这一趋势保持一致。国家工资理事会的定量工资建议从来都不具有强制的约束力,但所有公共部门始终遵照执行。作为一个正式的审议委员会,国家工资理事会一直坚守全民共享增长的承诺,将其作为一项重要的政治义务。它还向政府提供了一条有效获取信息的渠道,帮助官员从企业了解市场现实和国际竞争形势。总之,雇主和雇员协商合作,意味着在新加坡罢工会很少发生,从而创造出一个有利于投资和劳动生产率提升的商业环境。

法治与财产权保护

　　法治,是政府提供给民众的一项关键性的公共利益。合同是否以低成本的方式执行?每个人的私有财产和人身安全是否得到一个更加强大的力量的保护,从而免遭霸权掠夺?在法治体系之下,所有的诉讼都是在已知法律条文的基础之上,通过高效、公正的司法机构解决的,而并非通过利用政治特权获得的强制命令或"自由裁量权"决定的。此外,在普通法庭上被最终裁决为触犯了法律,否则任何人都不应遭受惩罚。对于那些一有机会就试图掠夺他人私有财产的强权者,法治能对其行为进行有效的约束。与此同时,法治加强了公民之间的合作,促进福利事业的发展。诺斯认为,很多国家政府始终无法建立有效、低成本的合同执行的制度,正是其过去和当前发展落后的主要原因。[⑰] 与此相反,新加坡则成功建立了一套稳定的法律规则,保护合同的合法效力以及公民私有财产的安全。

---

⑰ 道格拉斯·C.诺斯:《制度、制度变迁与经济绩效》,纽约:剑桥大学出版社,1990 年,第 54 页。

法律与秩序为国家的政治稳定和经济发展搭建了一个坚固的框架。新加坡人相信,对犯下严重罪行的人处以某些刑罚——包括强制鞭刑甚至死刑,比长期监禁具有更大的威慑效果。2003—2005 年,因贩毒和故意杀人等罪名被判处死刑的案例,已减少至年均 12 例。尽管如此,最近的一项调查显示,85％的新加坡人仍支持政府对此类罪犯继续执行强制死刑。[18] 任何 16 岁以上、50 岁以下的男子,若被裁定为强奸、抢劫等暴力犯罪或故意破坏他人财产等非暴力犯罪,除监禁外,还将被施以鞭刑。1994 年,18 岁的美国青年迈克尔·费(Michael Fay)与几个新加坡青少年一起,因为在公共场合恶意冲撞并喷涂、破坏约 20 辆汽车,被判处 6 次鞭笞。此判决结果遭到美国媒体和政府的严厉抗议,不过根据报道,美国的公众舆论倒是对这起判决的态度存在分歧。[19] 新加坡素以严格执法著称,倾向于对违法者施予高度的惩罚。在"世界经济论坛"[20]的竞争力指标"民众对人身和财产安全受到保护方面充满信心"一项上,新加坡的排名位于世界首位。[21]

维护"法律面前人人平等"这一神圣原则,有时候确实需要冷酷无情的态度和超越常人的勇气。在李光耀的回忆录中,他描述了新加坡在 1968 年是如何不顾印度尼西亚的报复威胁,面对三名定罪的印尼人执行死刑的。同样,树立新加坡金融体系的威严和信誉也需要持续数年的坚

---

⑱ 杰里米·欧·杨(Jeremy Au Yong),《海峡时报星期日刊》,2006 年 2 月 12 日,新闻版,第 8 页。

⑲ 李光耀:《从第三世界到第一世界:新加坡的故事(1965—2000)》,第 243 页。

⑳ 世界经济论坛,以研究和探讨世界经济领域存在的问题、促进国际经济合作与交流为宗旨的非官方国际性机构,总部设在瑞士日内瓦,由于在瑞士小镇达沃斯首次举办,日后也被称为"达沃斯论坛"。——译者注

㉑ 世界经济论坛《2005 年全球竞争力报告》。

定和一致。1975 年,新加坡顶住压力,以操纵股票市场的罪名起诉一名英国人。此人地位显赫,且有英国政府在背后撑腰。[22] 此外,多年来,新加坡金融管理局一直顶住强大的政治压力,拒绝降低标准,向文莱国家银行颁发经营许可证。1986 年,一系列遭披露的证据表明这家银行确实存在违规行为,接着该银行就被迫关闭了,这证明金融管理局的做法是正确的。金融管理局还曾数次拒绝给国际商业信贷银行颁发经营许可证,1991 年这家银行因经营不善而倒闭,金融管理局再次为国家避免了一笔重大损失。

为了建立一整套一流的司法体系,新加坡也花费了多年的时间。1990 年,新加坡司法系统进行了一次彻底的改革,以清理法院内大量积压未结的案件。在此之前,很多案件的开庭日期竟然被推迟了 4—6 年。李光耀强调,必须建立一个客观、透明的遴选机制,选出那位能力最强、最敬业、最专注的人士担任新加坡最高法院的首席大法官,并支付给此人与其能力相符的充足的薪酬。在回忆录中,这位新加坡国父详细描述了从 1990 年至 2006 年初,首席大法官杨邦孝(Yong Pang How)是如何领导整个最高法院、如何依据精英主义原则选出优秀人士担任法官、如何推行庭审程序的改革,以及如何引入自动化办公的。在上述变革发生之前,律师们经常利用规则的漏洞,或者以惯例为借口,要么恣意搁置自己手上的某些案子,要么就是一拖再拖。杨邦孝任职以后,强行修改了相关规则,并鼓励打破惯例,以期减少案件积压和延迟的发生。此外,他维护法庭严明的纪律、标准一致、公平公开,并且对一个多族群社会中政府良好治理的目标有着充分的理解。

到 1999 年,新加坡的司法系统已在世界范围内赢得迅速、高效、低

---

[22] 李光耀:《从第三世界到第一世界:新加坡的故事(1965—2000)》,第五章。

耗、公正的美誉。各国纷纷前来讨教经验，世界银行也将其树立为典范。鉴于新加坡司法管理的公平性，国际评级机构将新加坡定为亚洲最高级别，纵观全球，其排名也领先于美国和英国。㉓ 新加坡之所以在司法领域超越很多国家，取得如此巨大的成功，得益于"胡萝卜加大棒"——奖励与惩罚并举的激励机制。这项机制包括，选择最杰出的人才、使他们将司法工作视为崇高的事业、树立团队力量克服挑战的意识，同时还为他们提供有吸引力的薪资报酬。首席大法官本人早年曾在一家成功的商业银行担任高管，早已积累下丰厚的个人财富。律师若违反专业操守会受到相应处罚。而且，他们必须严格遵守诉讼时限，以确保所有案件都能迅速处理完毕。

新加坡的法律能得到坚定不移的遵守和公正的执行，在很多方面促进了经济的增长。新加坡向投资者提供了基本的保证，他们的财产权利是安全的，他们签署的合同会得到严格执行，从而，使人们建立了对金融体系的信心。此外，新加坡的低犯罪率说服跨国公司选择这座富有魅力的城市作为地区总部，及其安置员工与家属的地方。新加坡宪法和各项法律都强制要求尊重少数族群和宗教信徒，给予他们公平的对待。这显然对社会和谐大有裨益。严格遵守劳动法则有助于加强劳动者与企业资方之间的建设性关系。它还使政府的控制力更强，并有利于政策和制度环境保持连续性。

韦尔的《经济增长》一书中，法治程度可用以下三个指标加以综合衡量：第一，合同的可执行性；第二，司法制度的有效性和可预测性；第三，犯

㉓ 20 多年以来，总部设在中国香港地区的政治经济风险咨询公司（Political and Economic Risk Consultancy，PERC）一直把新加坡的司法系统评为亚洲最佳。本地区主要的法律评级指南《亚太法律 500 强》在 2006 年版中指出，"新加坡更高级别法院的司法水平比周边国家都高"。

罪发生率。新加坡在 71 个国家中排名第三,仅次于瑞士和奥地利,而领先于加拿大和美国。法治程度与促进经济增长的两个直接因素(要素积累和劳动生产率)都具有很强的正相关关系,这也符合一般人的设想——在法治薄弱的国家,生产要素将无法积累,经济活动也会低效、无益。[24]

公正廉洁的政府治理

当今,人们普遍认为腐败是一国经济与社会发展的主要障碍。它会侵蚀经济增长赖以持续的制度基础。当然,这并不意味着存在腐败的情况下就绝无可能实现经济增长:19 世纪的纽约,最近几十年的日本、韩国、中国台湾地区,都曾在尚未根除腐败的情况下经历了经济的强劲增长过程。[25] 尽管如此,腐败——一般定义为利用权力谋取私利的行为,在很多方面都会造成极大危害。腐败迫使政府征收比原本所需更多的赋税,否则政府就将陷入财政赤字的泥潭;腐败驱使政府制定更多可自由执行的政策,从而为官员创造更多贪污牟利的机会;腐败导致行政进程的缓慢,为"加快办事程序"贿赂官员创造了空间;此外,腐败还严重损害司法系统的公平与公正。腐败诱使人们将精力和才干聚焦于对现有财富的分配,而忽略了创造新的财富,创造财富显然更需要彼此的信任和公平的机会。腐败将逐渐摧毁民众对国家法律监管的信心。它可以被视为一种肆意征收的苛捐杂税,通常具有高度的随机性,会造成不确定性,从而大幅度提高创立新企业的成本,尤其是对中小型企业而言更是如此。[26]

新加坡堪称我们这个世界上腐败程度最低的国家之一。"透明国际"

---

[24] 戴维・N. 韦尔:《经济增长》,第 340—341 页和第 186—190 页。

[25] 戴维・N. 韦尔:《经济增长》,第十二章。

[26] 维托・坦齐:《世界各国的腐败:原因、结果、范围与消除对策》,载国际货币基金组织工作文件 WP/98/63,1998 年。

组织最近的一份报告将新加坡排在 159 个国家中的第五位，领先于美国，仅次于冰岛、芬兰和新西兰。[27] 当然，新加坡的政治并不是一直如此"透明"。殖民时代的新加坡，虽然不像某些社会那样存在根深蒂固的腐败，但也有一些轻微的贪腐活动，诸如为加快海关边检速度收取现金小费、政府采购中出现违规行为等。1959 年实现自治以后，政府启动了一整套打击腐败的措施。如今几十年过去了，这套措施的运行已十分高效、有力。总体而言，新加坡的反腐治理已将腐败行为的诱因和发生机会都降到了最低。其主要特点包括以下几个方面：

第一，廉政治理从最高层启动。打击腐败的第一枪，就是从高级别的"大老虎"开始。新加坡政府为自身制定了一套很高的标准，确保每一笔新元的支出都事出有因并达到预期目的。任何人，无论是军人还是平民，都绝无可能凌驾于法律之上。在多次事件中，李光耀总理和数位内阁成员都曾站上法庭，为自己辩护。一些世界知名报纸，要么含沙射影的讽刺、要么言之凿凿的指控，说新加坡存在任人唯亲或贪污受贿等现象，结果在新加坡法院的指示下，都不得不撤回上述言论，并对几位领导人支付经济补偿。

第二，政府坚决对所有违法者发起公诉，不论对方官职或地位多高，都采取一致的标准。保持高尚的道德信仰需要强有力的领导。承担反腐工作的官员必须得到来自高层的坚定支持，各项规定的执行才有可能。试图贿赂公务人员的行为，必将遭到法律的惩罚。而被认定为收受贿赂的公务人员，不仅将遭到起诉，还会丢掉工作、失去养老金，甚至想在私营

---

[27] "透明国际"组织《2005 年全球清廉指数》，网络访问地址 http://www.transparency.org/cpi/2005/cpi2005_infocus.html。

企业重新找份工作都是难上加难。在新加坡,这样高强度的威慑有助于廉洁水平的提升。牵涉"大老虎"的案件自然会成为头条新闻——几位内阁部长曾因在飞机采购或土地开发的过程中的索贿或受贿等行为被判刑。一位部长因羞愧难当而自杀。

　　第三,对行政官员来说,腐败受到威慑与惩罚,廉洁得到高薪和奖励,这二者相平衡。行政官员获得的薪酬与私营企业同级别职务者的所得大致相当。有些人认为,这种做法对政治领袖和高级官员保持高度廉洁自律至关重要。[28] 高级别的部长、公务员、军官和法官能拿到很高的工资和补贴——可能是全世界最高的,这即便在新加坡国内,也是一个引起很大争议的话题。尽管如此,从结果上看,这样的做法确实不仅有助于吸引人才,还能帮助他们抵御诱惑,主动拒绝以权谋私的行为。正如李光耀所说:"官僚们从职位带来的权力和荣耀中得到精神补偿,以及以牺牲个人收入为代价而献身公共服务,这固然值得钦佩,但在现实中都是行不通的。官员和公务员工资太低,已经毁了很多亚洲国家的政府。"[29]还有一些替代方案,比如,将官方的低工资与各种各样半隐形的福利津贴结合起来,或与后续同私营企业订立的薪资丰厚的雇佣合同结合起来,等等,在新加坡人看来也属于效果较差的做法。即便针对较低层次的公务员,充足的薪酬也有助于预防腐败行为的发生。因为对这个群体来说,以权谋

---

[28] "基于私营企业部门的所得税申报表,新加坡各部部长薪资的测算公式被定为48个顶级私营企业从业者收入中位数的三分之二,后者分别来自不同行业(如银行家、工程师、律师等)。上一次公开披露具体数字是在2000年,当时,总理的年薪提高到194万新元,资历最浅的部长的年薪则为96.8万新元。"(《海峡时报》,2000年7月1日;戴安·K.莫齐、R.S.米尔恩:《新加坡政治:在人民行动党的领导下》,第61页)在2001年和2003年经济困难时期,新加坡领导层曾自愿放弃加薪。

[29] 李光耀:《从第三世界到第一世界:新加坡的故事(1965—2000)》,第196页。

私与其说是出于贪婪，不如说是生活所迫。总之，新加坡的上述反腐举措，一方面鼓励行政官员将公共利益放在首位，另一方面也对其合理、合法的私人利益报以充分的关注。

第四，政府腐败的机会被减到最少。在经济领域，新加坡对竞争性市场价格的依赖避免了经济租金的产生。要知道，经济租金往往伴随着利润丰厚的垄断、特许经营权、营业执照、进口许可证等，就像菲律宾总统马科斯（Marcos）和印度尼西亚总统苏哈托（Suharto）曾给予自家亲属和特殊关系者的那些特权。在公共服务领域，新加坡倾向于公开发布明确的指导方针，并严格执行基于工作绩效的招聘和晋升机制，从而降低公职人员行使自由裁量权的机率。新加坡的公务员和私企员工一样，给人的印象都是极有规则意识。在政治领域，这个国家成功避免出现一种在其他社会已司空见惯的状态，即任何政党和公职人员若想当选，就必须花费巨额钱财。因为可想而知，一旦当选，他们必将想方设法把先前花掉的钱加倍赚回来，从而为下一个选举周期做好准备。为了避免上述情况发生，新加坡一般采用缩短竞选周期和强制性投票等方式，旨在打消候选人收买选票的企图。

新加坡政府将公职人员的廉洁自律视为头等大事。1959 年建立自治政府后的一年之内，一部极其严厉的——有些人无疑会说简直过于苛刻的——反腐败法律出台，用以取代殖民时代创设的相关法律。1960 年的法令将"酬金"的定义，扩展到一切有价值的事物，并且赋予调查人员广泛的权力，包括逮捕和搜查犯罪嫌疑人及其妻子、儿女或代理人，以及彻底调查上述人员的银行账户。倘若证明嫌疑人的生活水水超越了其应有的经济能力，即可视为收受贿赂的证据。到了 1963 年，新加坡打击腐败

114

的法律进一步升级，强制要求被传唤的证人必须出庭作证。㉚

正如李光耀所解释的："人民行动党政府已经行动起来，致力于建立一个廉洁的政治体系。很多亚洲国家领导人的贪婪、腐朽和堕落令人作呕……他们的所作所为令他们的国家节节倒退、滑向深渊。"对腐败深恶痛绝的共产主义者，既是人民行动党的竞争对手，又是他们的学习对象。"由于对唯利是图、贪赃枉法行为的厌恶……战后中国的民族主义领袖们令众多新加坡年轻人……在那些日子里……对共产主义者无私奉献、大义凛然的革命美德和斯巴达式的（简朴的）生活方式心生崇敬"。这也正是为什么，胸怀深刻使命感的人民行动党在 1959 年 6 月宣誓就职时，其党员统一穿着白色衬衫和白色裤子，以"象征我们所代表的纯洁和诚实……正如新加坡人民所期待的那样"。㉛ 此刻，高尚的道德原则、高效的政府治理与精巧的政治算计，密切配合、融为一体。

社会包容促成政治稳定

新加坡的目标，是实现社会包容——当人们的偏好或选择出现分歧时，必须找到合作共赢的解决方案。在新加坡人的集体记忆中，尚留存着很多关于族群暴乱的痕迹。正是这样的记忆，引导这个年轻的国家坚决的走向一个多种族、多族群、多宗教宽容并存的社会。在任何情况下，新加坡对族群—宗教紧张局势的死灰复燃都保持着极高的敏感性。最近，政府就十分担忧，由诸如伊斯兰祈祷团（Jemaah Islamiyah）等外部组织发动的恐怖袭击，可能会给本国穆斯林群体造成强烈的冲击。新加坡男性

㉚ 李光耀：《从第三世界到第一世界：新加坡的故事（1965—2000）》，第十二章。

㉛ 李光耀：《从第三世界到第一世界：新加坡的故事（1965—2000）》，第 183 页。人民行动党官方规定的上下全白统一着装延续至今。

公民的强制兵役是每个人人生中的一个重大仪式：一种将不同族群成员团结在一起的生活方式。此外，这个国家还通过各种政策的结合运用，尽量避免劳资摩擦。另一个重要的因素，就是创造更多的经济机会，以减少社会两极分化，并为民众的经济追求释放能量。马来裔学生在科学和数学等课业上，表现不如其他族裔，政府就敦促社区领袖和活动家们帮助家长，激励他们的孩子更加努力学习，这样的举措产生了明显的效果。低通货膨胀和经济快速增长，也有助于实现社会和政治的稳定。而社会与政治的稳定，既是鼓励固定资本投资和人力资本投资的一个关键因素，也有利于劳动生产率的提升。显然，上述两个方面都是将资源引入新行业的有力手段。

到这里，我们关于新加坡制度的讨论将暂告一段落。创建一整套有益于经济增长的制度体系，是很多国家的政府所面临的一项重大挑战。在新加坡，高效的公共政策管理机构、对法治原则的坚守、政府的高度廉洁自律，以及造就政治稳定的社会包容，共同对那些促进经济增长的政策构成强大的支持。这些正式或非正式的规则和标准，决定了每个人、每个公司究竟将拥有多少机遇、究竟会面对多少激励。许多国家在争夺现有产出的所有权或其他非生产性的活动上浪费了巨量资源。而在新加坡，制度引导人们努力进行物质资本和人力资本的积累、努力增加劳动投入、努力获取和传播新技术，以及努力将资本和劳动力转移到能够生产更高价值的部门。

二、文化在经济增长中的支撑作用

至此，我们已经将新加坡举世瞩目的经济增长表现归因于五个发挥关键作用的动因。接下来我将要分析,经济政策是如何对上述五个直接增长来源发挥影响的。此外,我们还会审视制度是如何允许政策付诸实施的——并直接作用于以上五个直接增长来源。

本节,我们来看看文化——人们的价值观、态度和信仰。具体而言,新加坡的文化特征,是如何影响各项致力于促进经济增长的政策和制度,从而创造促进经济进步的动力和机遇的?除此之外,新加坡的文化特征——比如勤奋努力、追求卓越、以开放的胸怀面对新思想、相互信任、善于合作,等等,也曾作用于上述五个经济增长的直接因素,并发挥了不可或缺的作用。当然,有利于增长的政策和制度是前提,倘若这二者不存在,单靠文化的力量显然不可能促发经济的起飞。[32]

一般情况下,讨论一国经济发展的著作,很少会涉及"文化"或"民众心态"等问题。恰恰相反的是,关于"制度"在增长中所扮演的角色,近20年间已成为学术界的热门话题。制度可不是什么新发现。1974年诺贝尔经济学奖获得者冈纳·缪尔达尔(Gunnar Myrdal)[33]就曾在他的代表作《亚洲的戏剧:对一些国家贫困问题的研究》(1968年)一书中强调,制度是一国能否成功发展的决定性因素。其实,缪尔达尔的进一步研究,特别强调民众的集体态度和价值观在支撑制度和与制度形成互动方面的重要意义。他分析了传统社会(主要是农村社会)中普遍存在的心态是如何

116

---

[32] 将文化属性与制度联系起来,可以收窄但并不能弥合学界正在进行的论争。论争的一方是经济学家,他们关注政策和制度中反映的动因和机遇;另一方包括马克斯·韦伯(Max Weber),传统的社会学家——后者将16世纪北欧的经济增长归因于"新教伦理",还包括一些经济史学家——典型代表是戴维·S. 兰德斯,他在《国富国穷》中写道:"如果我们曾从经济发展的历史中学到什么的话,那就是文化造就了一切差异。"

[33] 冈纳·缪尔达尔(1898—1987),瑞典经济学家,瑞典学派和新制度学派以及发展经济学的主要代表人物之一,曾任联合国经济委员会秘书长和斯德哥尔摩国际和平研究所董事长,1974年,与弗里德里希·奥古斯特·冯·哈耶克同获诺贝尔经济学奖。——译者注

抑制经济增长的。缪尔达尔是一位敏锐而坦诚的学者，他认为经济学家们之所以一般不愿意讨论民众的态度问题，主要是出于保持政治正确的渴望。根据他的观察，新生国家的知识分子对带有种族主义色彩的暗示和成见非常敏感，这让人联想到这些国家取得民族独立之前的时代。那时候，殖民主义列强曾大肆渲染当地人反现代化的劣根性，以给殖民地持续的落后停滞状况披上一件合理的外衣。[34]

经济学家们之所以不愿意讨论文化问题，也有其他方面的原因。他们偏爱更容易计量化的领域。而且，文化很难以一种不偏不倚的方式进行观察：由于我们已经知道，某个经济体的增长十分成功，我们就很可能会有选择地看待其文化特征，这几乎是下意识的反应。[35] 而且，经济增长也会改变一个社会的文化，所以二者之间因果关系的方向也是模棱两可的。最后，经济增长本身，及对其起支撑作用的核心潜在价值，很可能会令我们处于一种喜忧参半的矛盾情绪之中。20 世纪最著名的经济学家约翰·梅纳德·凯恩斯（John Maynard Keynes）经过细致的研究后认定，那些促进经济增长的文化因素——包括对金钱的渴望、对努力工作的赞颂，以及着眼于创造一个更美好的未来而非活在当下的追求，等等——都十分令人厌恶。不幸的是，用他的话来说："在经济增长等目标达成之前……在相当长的一段时间内，我们仍然还得把贪婪、谨慎防备奉为神明。"[36]

20 世纪 80 年代末和 90 年代，曾有很多人讨论价值观问题。当他们

[34] 冈纳·缪尔达尔：《亚洲的戏剧：对一些国家贫困问题的研究》，伦敦：企鹅图书，1968 年，序言。

[35] 戴维·N. 韦尔：《经济增长》，第十四章关于观察者的偏见。

[36] 约翰·梅纳德·凯恩斯：《我们后代的经济前景》1930 年，载《约翰·梅纳德·凯恩斯文集》第九卷，预言与劝说，伦敦：麦克米伦出版公司，1972 年。

试图对那些"东亚奇迹"经济体的飞速增长作出解释时，将部分目光聚焦到这些国家和地区的文化特征上。在日本、中国台湾地区、韩国、中国香港地区和新加坡，对高标准的职业道德和勤俭节约美德的推崇都十分普遍。这些特征与孔子在大约 2 500 年前所强调的价值观是一致的。在很多亚洲人心目中，"东亚奇迹"创造出的那些令人惊叹的成就，是绝对值得骄傲的。要知道，在殖民主义的压迫之下，很多东亚人曾习惯性地认为本国社会天生就低人一等。在新加坡，个人主义和政治自由主义被视为西方的文化和价值观对本民族传统的侵犯。随后，一场关于"亚洲价值观"的辩论爆发了。在一段时期内，这场辩论曾演变到了令人不快程度，两派观点针锋相对、剑拔弩张，并导致对西方的蔑视和挑战。一些人坚称，东亚的社会和政治制度就是最优越的，这显然没有顾及东亚社会发现自己的时代条件有多么的不同。很多亚洲人，苦苦追寻一种自我意识，不喜欢将他们热切拥护的现代性与西方化画上等号。前新加坡驻联合国大使马凯硕(Kishore Mahbubani)[37]曾雄辩地阐述过上述问题，我们将在第六章中予以更详细的讨论。[38]

　　关于价值观的描述话语，有些人对使用"亚洲"一词推而广之进行概括感到不适，他们认为某些国家跟亚洲大陆的关联其实并不密切。从某种程度上说，这种情况在 19 世纪维多利亚时代的英格兰也很突出。[39] 讽刺的是，人们过去经常调用殖民地时代的亚洲价值观，并不是来说明成功

---

[37] 马凯硕，新加坡外交官和学者，曾任新加坡驻联合国大使和新加坡国立大学李光耀公共政策学院院长和教授，2017 年退休。——译者注

[38] 马凯硕：《亚洲人会思考吗？理解中西差异》，新加坡：兰登书屋，2002 年。特别是《亚洲人会思考吗？》《亚洲视角的人权与新闻自由》两篇文章。

[39] 孔子早在约 2 500 年前就赞美勤俭节约的品德，约 500 年前，约翰·加尔文(John Calvin)等人则致力于勉励人们努力工作以获取物质上的成功。

的原因,而是来解释为什么这个地区——特别是南亚地区——发展严重不足。他们称,亚洲的价值观将关注的焦点放在人的来世和灵性上,这种态度削弱了物质进步的动力。然而,成为独立的印度首任总理的贾瓦哈拉尔·尼赫鲁(Jawaharlal Nehru)拒绝接受这种说法,不想用它来粉饰本国的贫穷状态。⑩ 很多人可能会赞同,只有将西方和东方的传统融合起来,才能建立更成功的社会经济体系,并迎来未来的发展。

尽管如此,独特的文化价值、态度和信仰,使新加坡显得与其他国家——特别是经济发展上不太成功的国家——迥然不同。多年来,政府曾发起多次社会运动,致力于影响民众的观点和行为。比如,政府要求新加坡人改掉随地吐痰的老毛病,因为它会传播肺结核。民众还被要求,必须爱护公共财产和公共区域新近种植的花草树木、停止乱扔垃圾(包括不要将嚼过的口香糖吐在人行道上)、保持公共厕所干净卫生、礼貌对待外国游客和本国同胞,等等。⑪ 新加坡政府还试图从根本上解决问题,不断塑造和强化民众的价值观,并将国民的集体价值观视为国家政策执行和制度形成的有机组成部分。这方面的例子不胜枚举。占新加坡人口多数的华人对入伍从军有某种传统遗留下来的厌恶感,认为这是一种低级的职业。而为了建立一支国家军队,新加坡政府不得不谨慎而坚决地尝试改变华人的态度。为了确保本国产业的国际竞争力,政府一再强调,劳动报酬必须与工作表现相符,而不是由年限和资历决定。总之,价值观形成了人民行动党政府的意识形态,以及一整套包含多项制度和政策的信仰体系。它们

---

⑩ 冈纳·缪尔达尔:《亚洲的戏剧:对一些国家贫困问题的研究》,第 94 页。

⑪ 1992 年,吴作栋总理决定禁止进口咀嚼式口香糖。据报道,起因是一些人故意破坏公共财产,将口香糖粘在大众捷运列车车门的传感器上,导致服务中断。2002 年,新加坡政府部分解除了上述禁令。

有助于新加坡在全球范围内树立国家"品牌"的同时,在国内实现族群凝聚。总之,社会和文化的根本变革是新加坡当前巨大成功的主要原因。

许多国家的政府不太愿意扮演类似新加坡政府的角色,因为它们的民众会认为这样带有太浓重的家长式作风。在西方媒体的话语之下,新加坡政府也经常因其"监护人"的定位而遭到嘲讽,诸如"人民行动党知道什么对你最好"或创造一个"保姆国家"等。在其他国家,承担上述角色的通常是教会、学校,以及其他类似的机构。然而,新加坡政府却打算亲力亲为,教育民众,帮助他们面向世界提供一流的服务,在公共和个人安全、医疗和交通方面都达到世界最发达国家的水准,并获得"东南亚花园国家"的美名。这一切,一方面当然是为了促进旅游业、赚取外汇,同时也增强了这个城市国家的吸引力,促使更多的跨国公司到新加坡设立区域总部,但是,更重要的原因恐怕是,让全体国民都感受到身心的愉悦,从而提高集体荣誉感、培养集体自尊心。用李光耀的话来说:"我们希望,**在尽可能短的时间内**(作者的重点),转型成为一个文明的、有教养的社会。"⑫西方社会试图克服某个坏习惯时,更多情况下是指望其自己消失——这当然要花费很长一段时间,但新加坡却在加速、在追着时间跑。它希望能迅速赶上。正是出于这个目的,这个国家才决定,采取一种与西方全然不同的方式来组织自己的社会和生活。

最后,态度和价值观,在一国的经济增长中,究竟扮演了怎样的角色?就新加坡而言,在那些促进经济增长的制度之下,起支持作用的心态和文化又是什么?是否存在一个集合各种信仰的实体,用以指引行动并证明行动的正确性。如果不认同所谓亚洲价值观,那么我们可以梳理出四个

---

⑫ 李光耀:《从第三世界到第一世界:新加坡的故事(1965—2000)》,第 211 页。

方面。这四个方面在过去 40 年中一直堪称新加坡最鲜明的特色。一个关键的问题是,这些价值观是新加坡传统社会与生俱来的,还是人民行动党政府后期灌输培植的? 当然,作为其"社会化"的一个组成部分,政府势必大力提倡上述价值观,但是,只有民众愿意接受,并保持足够的一致性,价值观才能为国家政策和制度提供支撑。

长期的前瞻性视野

　　新加坡社会愿意拥有长期的、具有前瞻性的视野。即使考虑到其他解释——诸如不断变化的人口结构和不断提高的收入水平,新加坡人高度一致的储蓄倾向也意味着他们可能更愿意接受延迟享乐。人们意识到,国家领导人敦促他们努力工作,牺牲当下的享受来为自己和孩子们提供更美好的未来。在这个持续变动的世界上,如果维持充满干劲的创业精神,并对转瞬即逝的机遇保持警觉,就会得到主流话语的赞颂。所谓前瞻性的视野,其关注点在于随着时间的推移创造出更多的集体财富,而不是重新分配现在已经做好的蛋糕。与新加坡形成鲜明对照的是另一些国家和地区,它们迅速建立了大量无资金保障的权益负债,它们是短视的,倾向于活在当下。在极端情况之下,在对未来情况盲目乐观的驱使之下,还可能导致政策体系彻底瘫痪。这样看来,新加坡的长期宏观经济预期是刻意偏向于保守的。

　　当我们考察其他国家社会,会发现它们很难做到全心全意地关注未来。它们可能会将目光放得很长远——但却是相反方向的长远。很多族群也曾试图克服曾经经历的集体创伤——民族创伤、社会创伤或宗教创伤,但发现这实在是太难了,他们无法忘却早先遭受的不公正待遇。斯里兰卡泰米尔人和僧伽罗人绵延数代的冲突；克什米尔的分裂状态——这根植于巴基斯坦和印度两国穆斯林与印度教徒之间的对抗；玻利维亚内部印加人后裔与西班牙征服者后裔无法和平相处——前者先是被屠杀、然后在矿井里被奴役，并被排除在国家政治权力之外；等等，不一而足，它们都是加剧不稳定状态的温床。即便在西欧，19 世纪社会阶层中残存的不公正现象也正严重阻碍社会的进步，让人们很难将目光聚焦于未来。在很多国家，历史创伤耗尽了机体的能量。这样的环境之下，发展根本无从谈起。新加坡政府深刻认识到了这个问题。国家领导人认为，必须引导民众向前看，着眼于日后的发展，坚决构建族群与宗教和谐共存的局面，树立多元的文化观，并对先前已经存在的悲伤和不平，采取"集体失忆"的态度逐渐遗忘、逐渐原谅。

对新思想的开放和对学习的渴望就意味着前瞻性的视野、意味着向前看的态度。戴维·兰德斯曾描述过，欧洲人是多么愿意仿效那些已被其他国家证明为最好的做法——在兰德斯看来，这正是促发欧洲近代崛起的一个关键因素。他们轻而易举地就接受了中国人的多项发明——造纸术、火药等。而 19 世纪中期的日本，人们又反过来满腔热情地拥抱来自西欧的思想和技术，学习领域甚至包括法律和制度。㊸ 相反的情况出现在某些国家和地区。近几十年来，他们逐渐关上了通往外部世界的大门。再看看新加坡，这个国家的领导集团也曾热切地向别国学习，同时试

121

㊸ 戴维·S. 兰德斯：《国富国穷》，第三章和第二十三章。

图根据本国国情对外部经验进行精确地调整。[44]

　　积极的、长期的、富于前瞻性的视野,及其对未来会越来越好的承诺,帮助新加坡实现了社会凝聚和政治稳定的局面。政府鼓励遵守高私人储蓄和高公共储蓄的原则,对新技术和更高效的工艺采取完全开放的态度。新加坡长期坚持重视集体财富创造的有利之处,有助于抑制腐败和其他专注于短期分配的、零和博弈的非生产性活动。总之,新加坡人民普遍具有的长期的前瞻性视野,为规划未来的政策提供了生根发芽的肥沃土壤。

协商一致达成互利的解决方案

　　信任,对于交易的达成至关重要。而现代经济又是由千千万万个交易活动组成的。一个社会,如果拥有高度的"社会资本"——即社会内部具有凝聚力以及社会成员间愿意互相帮助,往往也具有较高的投资率。[45]新加坡的一个显著特征,就是强调通过协商一致的方式——而非争论与抢夺的方式——来解决问题。族群与宗教和谐对社会稳定至关重要,事实上,这是新加坡社会内核中一个生死攸关的要素。多元文化主义主张,全体国民,不论每个人属于那个族群,都将新加坡视为自己的家园,其基调是新加坡应该是一个文明程度很高且有教养的社会。根据新加坡宪法,这个国家共使用四种官方语言。少数族群使用的马来语,也成为国家

122

---

[44] 提及关于早期工业化战略的关键构想,它们主要出自阿尔伯特·温思敏博士和雷蒙德·弗农(Ray Vernon)教授的观点。来自以色列的顾问在军事事务和创建经济发展局等方面曾提供富有价值的建议。摩根大通(J. P. Morgan)的银行家们在1992年提出了一些有益的想法,主张新加坡的银行必须为全球性竞争和基于信息技术的金融活动做好准备。新西兰园林专家分享了关于如何保持环境常绿的见解。李光耀还从加拿大学到逐步禁止在公共场所吸烟的经验;从波士顿学到利用汽车认证体系对抗空气污染的技术,以及通过飞机掠海起降的方式将市区的噪声污染降至最低的方法;还有,从日本学到质量控制;从德国学到技术教育。

[45] 戴维·N.韦尔:《经济增长》,第409页。

的官方语言之一。在教育和职场广泛使用的英语，由于同时也是全球经济领域的通用语言，实际上给新加坡带来一个巨大的优势。[46] 创造一种相互信任的氛围，对鼓励跨国公司前来落户非常重要，此外还有助于劳资之间维持建设性的关系，并确保新加坡处于有利的国际关系之中。接下来，我们将具体分析以上三个方面的内容。

在对新加坡进行周密的历史分析时，卡尔·特罗基（Carl Trocki）[47]特别指出，人民行动党是如何摒弃自身社会党的意识形态，转而与"全球资本建立战略性联盟"的。事实上，新加坡很早就张开双臂，欢迎跨国公司的到来，绝不会让意识形态成为理性思考的拦路石。当时，很多发展中国家被持新殖民主义依赖理论的思想流派所挟持，拒绝接受跨国公司入驻。但人民行动党意识到，要保住本党的政权，就必须为大批失业者创造就业机会。事实上，对跨国公司的信任和依赖，帮助人民行动党政府实现"蛙跳"，跨越诸多邻国，融入全球化经济，还成功避开了那些华人教育背景下本土实业家的干涉——这些人并不赞同人民行动党的施政纲领。

新加坡政府成功创设了一个有利于商业发展、由市场驱动的投资环境。在合理的前提之下，任何跨国公司想要的东西，新加坡都尽量提供。这包括一支温和厌战但纪律严明的劳动者队伍——他们最初愿意在很低的工资水平下工作，后来则热切渴望提升自身技能。新加坡对货币流动

---

[46] 一些国家的做法与新加坡截然相反，例如，1971年从西巴基斯坦分离出来以后，孟加拉国选择孟加拉语作为公立学校的教学语言。

[47] 卡尔·特罗基，澳大利亚历史学家，东南亚和中国问题专家，昆士兰理工大学亚洲研究教授，昆士兰大学社区和跨文化研究中心主任，澳大利亚人文科学院院士，曾出版多部关于泰国、马来西亚、新加坡和中国海外移民的著作。——译者注

几乎未设定任何限制，允许任意金额的对外利润转移，批准百分之百的外资所有权，甚至连最低限度的本地采购也并不强制要求。此外，新加坡政府在免税政策上也表现得十分慷慨，优惠幅度很大，利润税税率也连年降低。企业不仅能够使用政府补贴的土地，还从优质的基础设施和服务中受益——包括卓越的航空、海港和陆地交通系统。他们对政府抱有信任，相信游戏规则不会无端随意地更改，从而令自己陷入被动境地。新加坡提供了一个稳定的政治、经济和金融大环境、稳健的通货，以及前后一致的政策。每个人的人身安全都得到充分的保障，人与人之间的关系也十分友好。政府表现得非常高效和诚信。巨额的军费预算，再加上与美国达成的地缘政治共识则给予投资者更强烈的安全感。

尽管如此，新加坡政府还必须确保一个重要的原则——对跨国公司有利的东西，也要对新加坡民众有利。众多跨国公司给国家带来很多宝贵的收获——进入市场的机会、资本、专业知识和技术。在这个国家，产业补贴政策是有选择性的。可获得政府补贴的产业，必须满足某些最低标准：首先要求有利于促进就业、具有增长潜能，其次具有较高的技术含量和附加值，最后还要愿意将研发部门带到新加坡。跨国公司必须具备能力，以新加坡为基地，对外出口具有较高利润的产品，且具备战略增长前景——这就需要引入高新技术。跨国公司必须与新加坡积极合作，致力于培训当地劳动力，使其成为优秀的工程师或熟练的工人，并具备参与全球竞争、同最优秀的同行同场竞技的能力。跨国公司带给新加坡的，还有资本货物进口和专业知识引进中内嵌的最佳实践技术。人力资本、物质资本和专业技能相互作用，这构成新加坡获取新知识和新理念的有效途径。反观一些其他国家，由于实行市场保护政策，就错过了这类学习机会。㊽ 新加坡政府还期望跨国公司远离本国政治。后来，越来越多的"外国人才"带着专业技能来到这个国家，上述要求又被扩展到这一群体。

诚信不仅有利于确保一个可靠司法体系的运行，还具有更加根本性的意义。李光耀讲述了新加坡政府在 1973 年 10 月石油禁运期间是如何顶住压力，决定允许壳牌石油公司、英国石油公司、埃索石油公司等多家企业，将其存放在新加坡的石油产品出售给世界各地它们的任何一个客户。一直以来，新加坡坚持将维护长期关系置于获取短期权宜之上，从来不会以牺牲其他客户的利益为代价获得优先交付。商誉就是这样创造出来的，也为后来众多跨国公司决定在新加坡拓展自己的石油化工业务奠定了基础。㊾ 所谓共生和伙伴，其首要特征在于合作关系，而非依赖关系。在 2001—2003 年的艰难时期，新加坡政府放松了对企业的成本要求、强调经济逆境中工资的灵活弹性，并降低了企业的利润税税率。

正确处理劳资关系是建立信任与共识的第二个方面。新加坡政府一直深信，站在战略远景的高度，奠定一个坚实的劳资关系基础，是自己必须履行的使命。用李光耀的话来说："社会和平与融睦的关键在于树立公平竞争的意识……即每个人都有权分享进步的成果。"㊿当然，这需要机会、需要奖励，让每个人、每个家庭都更努力地工作、更多地储蓄、更刻苦地学习。然而，要在劳动密集型出口产业中保持国际竞争力，外国投资者

㊽ 世界银行：《东亚奇迹：经济增长与公共政策》。
㊾ 李光耀：《从第三世界到第一世界：新加坡的故事（1965—2000）》，第 87 页。
㊿ 同上，第 115 页。

需要"产业和平"：将罢工发生的次数降到最低，并搭建一个井然有序的劳资谈判框架。作为对外资要求的回应，新加坡政府对独立工会设置了诸多限制条件，并努力营造一种合作共赢的氛围。在这种氛围之下，倘若生产率实现提升，劳动者将获得相应的奖励。通过 20 世纪 60 年代末的一系列立法，企业内剑拔弩张的对抗为劳资之间的伙伴关系所取代。作为合作伙伴，雇员的权益得到保障，雇主也不得滥用权力。工会可以在必要时诉诸劳动仲裁程序，以保护其成员的利益。法律还鼓励资方在条件允许范围内，给予员工与其能力相一致的薪酬。反过来，雇主的管理特权得到恢复，并且被允许在劳资谈判框架之外自主决定招聘、晋升、裁汰和工作组织。这种双赢的安排，显然有利于实现投资规模的扩张，也保障了较高的投资回报，最终导致劳动力需求飙升。

125　　偏向于运用合作共赢和妥协折衷的原则处理各种冲突，也体现在新加坡的国际关系中。尽管这个国家曾一再申明，政府拥有决定本国未来命运的全部权力，然而在英军撤出的时间和方式上，它还是尽最大可能与对方进行充分的协商。最后，撤军于 1971 年实现。此外，在 20 世纪 60 年代末的英镑危机期间，新加坡还通过保持英镑作为官方储备货币来对英国政府提供支持，从而寻求互惠互利。新加坡实现国家独立后，一方面竭力保障主权，另一方面又致力于促进在更大的区域内实现经济上的互相依存。作为东南亚国家联盟的创始成员国，新加坡一直将这个组织视为本国外交政策的基石之一。近年来，鉴于中国和印度的崛起，新加坡花费更大的精力，试图打造一个更广阔的东南亚国家身份认同。同时，这个国家还寻求与所有世界强国保持良好的关系，并将本国的进步和福利拿出来与他国分享。它曾在中日关系、中国内部海峡两岸关系的争端中充当斡旋者。值得注意的是，新加坡政府屡次清晰的表达其全球化的观点，强调本国一定能够在当前的大趋势下找到自己的位置、获得发展的机遇。它的几个邻国的各项产业成本更低，且采用类似的经济增长战略——比如大力发展旅游业和知识创新密集型产业，虽然面对的竞争对手越来越多、实力越来越强，然而，新加坡人并不畏惧。没有人喜欢你死我活的残酷竞争，但是我们必须承认，它永远是一种值得赞扬的正和博弈。

小家庭中的自立与团结

　　第二次世界大战以后，发达工业国家逐渐向成熟的福利国家过渡，为国民提供全民健康医疗，以及丰厚的失业保险金和养老金等，以此实现收入转移。这既是对民众普遍持有的公平理念的回应，也有助于维护社会稳定，但是，很多国家也因此付出了巨大的代价。代际转移的一个不利后果就是，未来的负债将没有任何资金来源。此外，扭曲的激励措施还使个人对国家的依赖越来越强，加重政府财政负担的同时，还拖累了经济增长的速度。只有很少数几个国家——主要是北欧国家，成功地将广泛的国家福利下的社会团结与全球竞争力的维持结合在一起。

　　在新加坡，政府只为老年人、失业者、穷人和病人提供社会转移支付，且额度极其有限。这个国家的福利体系，强调的是通过个人储蓄和购买保险等方式实现自立。当这些都不够时，家庭内部的团结一致就成了关键，而政府只在必要时发挥"最后一根救命稻草"的作用。新加坡的中央公积金和所得税体系将上述原则制度化了。大多数人对自己的父母和其他直系亲属都表现出很强的孝心和眷恋。事实上，当孩子们长大成人、具

126

有经济能力之后,上述美德已被认定为一种法律规定的、每个人都必须履行的义务。[51]

新加坡人在小家庭之内的财务自立倾向,与菲律宾等国传统的大家庭形成了鲜明的对比。在狩猎—采集社会中,世代同堂,资源共享,可能是人类之所以能生存下来的必要条件。然而,倘若关系很远的亲戚都坚信,自己有权从他人的创新、努力和成功中分一杯羹时,这样的团结无疑将成为创业和革新的阻力。

在新加坡,小的家庭虽然是团结的核心,同时却也是私有财产的庇护所。人民行动党对植根于国民深处的私有财产意识作出回应,从本质上看这是一种资产阶级的世俗价值观。政府相信,新加坡人民必将竭尽全力保护自己的家庭及拥有的一切财产,而个人储蓄将增强他们的自尊心和责任感。

为了对本国经济政策提供更多的支持,新加坡政府积极提倡自力更生、家庭团结和私有财产神圣不可侵犯等价值观,这一点是毫无疑问的。然而,随着年轻一代生活方式的改变,他们越来越关注规模更小的核心家庭,那么,原先小家庭中成员之间的联结纽带是否仍能保持牢固,这还有待观察。在过去 40 年间,对上述价值观的强调有力地促进了新加坡经济的增长。经济自立再加上长远的视野,二者共同支持着新加坡人对卓越的追求。它们已成为这个国家的标签,也有利于社会的稳定。

127

---

[51] 1995 年生效的《赡养父母法案》给予父母要求子女履行赡养义务的法律支持。法令规定,60岁以上的父母若无法养活自己,则可以其向其子女索取赡养费。

愿意接受权威和家长式统治

新加坡民众听从政府的倡议,不仅将家庭的利益,而且要将整个社会的利益置于自身的个人利益之上。而且,与其他国家相比,新加坡民众在个人利益和社会利益发生冲突时,更愿意把社会利益放在首位。尊重长辈、服从上级,被认为对维护"面子"十分重要。等级制度和既有权威遭遇的挑战较小,人们也不会经常嘲笑政治领导人。家长式的统治似乎并不像外人预期的那样遭到愤恨。以上特征在新加坡的企业内部也普遍存在——自上而下的工作方法占据主导地位,公开的分歧和争论也不像在其他国家那么普遍。国民普遍抱持的爱国主义情怀和自我牺牲的意识,使经济衰退期间政府或企业大幅度削减成本成为可能。民众大都接受下述原则——教育公共资金是根据经济增长的情况分配的;学习成绩将决定某个人是否具有享受教育资源的权利;提供哪些课程取决于其对社会发展是否有用,而不取决于某个人的个人兴趣和利益。为期两年的男性强制征兵制度,以及占人口多数的华人具有的等级文化传统,二者共同作用,使新加坡人更容易在强大的领导力之下团结一致。[52]

在新加坡,也有少数人,对更具竞争性的民主制度和更大程度的政治开放抱有热切的渴望。他们人数虽然不多,但影响不容小觑。[53] 特别是年轻一代中的很多人,可能会觉得本国的政治气氛令人窒息,于是通过移

---

[52] 2004 年之前,军官的兵役服役期限为 30 个月。

[53] 戴安·K. 莫齐、R. S. 米尔恩:《新加坡政治:在人民行动党的领导下》,第 197 页,也可见徐顺全:《你的未来、我的信念、我们的自由:新加坡的民主蓝图》,新加坡:开放新加坡中心,2001 年。

民来用脚投票。此外,大众接受家长主义作风和服从权威的程度也是有限的。以下两个例子可以证明这一点。1983 年,政府观察到,男性大学毕业生倾向于迎娶教育程度较低的女性。政治领导人对这一现象感到惋惜,并敦促他们与受教育程度相当的女性结婚。显然,这一警告用受教育程度来界定和区分不同群体,并非每个人都能接受。㉔ 与此相关的另一个主题是,1980 年的一项调查显示,很多拥有大学学位的女性保持单身,而且她们即便结婚,生的孩子也比受教育程度低的女性少。对此,政府的回应是 1984 年 6 月出台的《优待大学毕业生母亲计划》。该计划向生育三胎的女性提供包括直接经济补贴在内的多项福利,条件是这位母亲必须拥有大学学位。然而事实证明,这项计划并不受欢迎,一些内阁部长也表达了反对的立场,结果该计划不得不在 12 个月后撤销,随后进行了修正。

尽管如此,在新加坡政府和广大民众之间,似乎还存在一个不成文的协定。正如一位观察家所总结的:"人民行动党政府创造了充足的就业和空前的经济繁荣,以公平、合理的方式在民众之间进行分配,并提供教育,以及像社会稳定、低犯罪率等公共福利。作为交换,新加坡民众则愿意接受纪律、遵守服从性的劳资关系、减少个人自由和意愿表达,认可有限的政治开放,以及多次给予同一个政党实现其长期战略愿景的许可。大多数新加坡人似乎已经接受了这个交易。并不是所有人都觉得这是个鼓舞人心的交易,但它在新加坡是奏效的。"㉕

㉔ 李光耀本人迎娶了柯玉芝——班上唯一一个在英语和经济学成绩上击败他的女生。李光耀:《新加坡故事:李光耀回忆录》,新加坡:新加坡报业控股,1998 年,第一章。

㉕ W. G. 赫夫:《新加坡经济发展:四个教训与一些质疑》,载《牛津发展研究》1999 年第 27(1) 期,第 47 页。

愿意采取长期的、富于前瞻性的视角;对基于信任的合作双赢局面抱持开放的态度;小家庭环境中的自立与团结;对权威和仁慈家长式统治的接受立场;等等,上述这些文化属性,有助于我们定义所谓的新加坡民族精神。它们符合新加坡人民的经历、传统和期望。尽管如此,政府一直致力于向民众灌输更多,旨在塑造国家的特性,并对新加坡诸多强大的、有利于增长的制度和政策提供支撑。

第五章 不断完善的制度：执行的政治经济学

许多国家的实践证明，即便政策是明智的，制度是有利于经济增长的，想要获得支持却极度困难。许多发展中国家，当试图建立诚信、高效的政府和公务员体系，或为政治和社会稳定创造必要条件时，都面临着巨大的阻力，有时甚至不得不在胆怯中仓皇退缩。此外，一些发达国家发现，当试图为其日益老龄化的社会创设良性的财政政策时，很多必要的措施实施起来却障碍重重。抑或，为了维持经济发展所需的劳动力，发达国家必须将大量外来移民整合进入本国社会，然而真正实施起来，相应的政策也很难落地。1959年，当人民行动党政府获得政权时，新加坡的确继承了一些制度上的优势。即便如此，这个国家在随后的45年间发生的制度转型才是关键，且对后世影响深远。那么，关于构建一系列社会与政治制度以支持经济发展的长期政策，新加坡人究竟是为什么以及如何成功的达成一个共识的？

在所有社会中，强大的力量总倾向于维持现有制度不变。制度都深深扎根于历史传统之中。某些群体拥有政治权力，因此能够将自己的意愿付诸实施。他们通过社会冲突的方式，对国家制度做出选择，继而决定收入、租金和特权的分配。尽管如此,重大的制度变革也时有发生。有时候,这种变革是突然爆发的,比如 1867—1868 年的日本明治维新、毛泽东逝世之后中国以市场为导向的改革开放、1989 年柏林墙倒塌后苏联的解体。然而,除了上述十分特殊的例子,在大多数国家,制度转型都是在一个较长的时期内逐渐铺展而开的。

正如达伦·阿西莫格鲁所指出的,如果社会精英发现提供更多经济机会符合他们的利益的时候,他们就会进行改变。[①] 在某些情况下,正如过去一个半世纪内在西欧盛行的那样,普通民众对现存特权分配的挑战与日俱增。精英阶层也不得不承认,普通民众为了维护自己的生存权,不断在抗争获得机会的权力。还有另外一种情况,精英阶层自己意识到,旧社会秩序本身已行将就木。他们从而得出的结论,若想保全既有的特权和影响力,并实现自身及其后代的发展潜能,改革——让更多的人获取分享发展成果的机会——是最佳的方式。

新加坡的经历属于第二种情况。卡尔·特罗基分析了占据人民行动党主导地位的温和派,这些接受英语教育的华人专业人士阶层是如何掌握政权的。[②] 他们的父辈和祖父辈都属于所谓的华人"巴巴商人"群体。在殖民统治时代,他们处于英国当局的庇护之下,曾与西方商人结成联盟。李光耀出身的家族就属于这类中上阶层。他的父亲曾为壳牌石油公司工作,祖父则是一位坚定的亲英派。新加坡后来选择的一系列经济增长政策——其核心是与跨国公司建立合作,很自然地正好与上述背景契

[①] 达伦·阿西莫格鲁、西蒙·约翰逊、詹姆斯·A. 罗宾逊:《长期增长的根本原因——制度》,载菲利普·阿吉翁、史蒂文·杜尔劳夫主编《经济增长学手册》。

[②] 卡尔·A. 特罗基:《新加坡,财富,权力与控制的文化》,纽约:劳特利奇、泰勒和弗朗西斯集团出版公司,2005 年。

合。20 世纪 50 年代，这批精英青年中的与一些人，拿到英国顶尖大学的学位后回到新加坡。在留学时期，他们就坚定决心，要使新加坡脱离英国的统治赢得独立。回到新加坡，他们的对手是一些接受华文教育的商人、学生和劳工组成的团体，其中的很多人深受共产主义的启发，这些人也与人民行动党中的激进派同声相应。

对政治权力的追求——最终出于集体的利益，且有可能是下意识的，但也不必然排除理想主义的领导。在新加坡，这两种情况共同存在。1942—1945 年间的日军占领经历使民众遭受重大创伤。结果就是战后一代的年轻精英，对强加给当地人的残酷统治深恶痛绝。二战时，英国殖民者并没有对新加坡人提供任何庇护。很多人的生命都曾遭到致命威胁。李光耀全凭自己的机智和警惕，才没有像成千上万的青年华人一样，成为日军大屠杀的枪下冤魂。③ 强烈的自尊心促使正值壮年的精英们走上了争取独立的道路。正如李光耀所写到的："我们可能是受过英语教育的资产阶级领导人，但我们选择与人民站在一起——是人民在 1959 年赋予我们统治的权力。"可以说，新加坡的早期领导人一直坚守着自己在英国求学时就已成型的政治信念。最初几十年的艰苦奋斗使他们紧密地团结在一起。他们对新加坡的未来抱有某种强烈的使命感，并相信自己对新加坡人民负有重大责任。④ 多年之后的 1993 年，李光耀回忆道："鱼重新回到了新加坡的河流……清澈的河水令我们的生活焕然一新……人们在河边晒日光浴……在很多人的记忆里，新加坡河是一条排污渠，沿着河

131

---

③ 李光耀：《新加坡故事：李光耀回忆录》，第 56 页。
④ 李光耀：《从第三世界到第一世界：新加坡的故事（1965—2000）》，第 226 页。

岸散步似乎是他们遥不可及的梦想。"⑤这大概就是权力带来的乐趣——带领人民安全地到达"迦南之地"。

　　经过了 12 年,到 1971 年,人民行动党温和派主导下的政府已经充分巩固了政权,并成功将其整体发展战略付诸实施。政府在与其对立的利益集团面前,具有明显的优势,处于主导地位,使其能够始终如一地执行一套连续的长期发展政策。与之形成鲜明对照的是,有些国家也曾具有集中的权力,但其社会经济发展成就却远远不如新加坡。

一、精英战略

　　毫无疑问,"人民行动党的领导人都是精英主义者。"莫奇和米尔恩写道:"他们崇尚智慧的力量,他们相信只有少数最优秀和最聪明的人,才有能力施加良好的领导。"⑥然而,在新加坡的社会中,人们认可的精英都是有才干、有成绩的。与一些国家不同,新加坡的精英圈子并非封闭的特权群体,也不是世袭掌控国家政权的社会阶层。统治精英所选择的战略都要有力地推动经济制度的执行。总体而言,新加坡有三个特点是其他国家所不具备的。

　　第一,经济增长的长期愿景成为新加坡政府的核心追求。此外,还有一些并存的其他目标,比如作为一个独立的国家生存下来,建立民族认同,并最终在文化和艺术领域达到第一世界的标准。然而,类似上述国家目标的实现,都是以经济增长为前提的。因此,新加坡人认为的首要任务始终是实现社会整体的长期繁荣,这与很多其他国家的选择是不同的。为此,新

132

---

⑤ 李光耀:《从第三世界到第一世界:新加坡的故事(1965—2000)》,第 207 页。
⑥ 戴安・K. 莫齐,R. S. 米尔恩:《新加坡政治:在人民行动党的领导下》,第 53 页。

加坡首任财政部部长兼国防部长吴庆瑞曾简明扼要地表达："我们必须坚持不懈、努力奋斗，以实现经济增长，这需要政治稳定，也不应被其他目标所干扰。"[7]换句话说，其他目标都是次要的，都是服务于经济增长的，例如通过社会转移或税收政策实现公正的再分配这样的意识形态观念。与新加坡相比，一些社会主义国家的首要目标和优先顺序肯定不同。例如，1976 年以前，中国的当务之急是砸碎四千年以来的封建秩序，为农民阶级争得权力，同时完成国家的重建。[8] 直到 1982 年，邓小平才宣布，今后的首要目标是通过改革开放，将中国建设成为一个繁荣富强的现代化国家。直到今天，还有很多国家不得不将大量精力用于修复不同种族、族群、宗教集团之间破裂的关系，恢复之前这些群体之间存在的微妙的政治、经济力量的平衡。还有一些国家因边界争端卷入战争，这通常导致生产力的负增长，意味着即便投入增加，总产出仍旧下降。在普遍存在的不确定性之下，高水平的投资根本无从谈起，高技能人才则纷纷移民海外或渐遭湮没。

新加坡的领导精英们绝不会允许上述情况的出现。"必须实现经济增长，否则你就会灭亡"[9]，这是新加坡政府的座右铭。这个国家竭尽全力避免一切分裂。新加坡宪法规定，新加坡是一个多族群社会，全体公民，不论其族群、语言、宗教信仰，都被赋予平等的权利。法律强制执行上述原则。绝不破坏内部平衡、维护社会稳定是新加坡人一直十分关注的问题。而为了保持国内凝聚力、使不同族群和平共处、保证社会和谐，并令本国屹立于世界民族之林，为全体民众创造繁荣无疑就是最好的方式。

133

---

⑦ 吴庆瑞：《一套行之有效的社会主义经济》，载琴加拉·维蒂尔·德万·奈尔主编《行之有效的社会主义：新加坡道路》，新加坡：联邦出版社，1976 年，第 117 页。
⑧ 马凯硕：《亚洲人会思考吗？理解中西差异》，第 165 页。
⑨ 梅拉尼·周：《新加坡领导人》，新加坡：资源出版社，1996 年，第 149 页。

对这个城市国家来说,经济增长成了照亮其人民集体命运的灯塔——不仅仅是为了生存,更是为了通过卓越的表现取得最终的成功。

第二,新加坡的领导精英选择了一种在民众中共同分享经济发展成果的战略。不过,值得注意的是,福利的分享并非通过收入再分配政策,因为此类政策可能会拖慢经济增长。新加坡的领导人采取了更有利的策略,通过提升技术发展水平,包括提高低收入群体的生产技能,同时确保社会向上流动通道的畅通,赋予本国的每一个男人和女人自力更生、艰苦创业、获取家庭资产的手段和机会。在领导精英们看来,这一双赢的策略完全合理:财富要得到共享,否则就不存在。唯一可行的发展模式是出口导向型增长,这种模式可以发挥新加坡的地缘优势,并能最大限度地利用其最重要的一项资源——新加坡人民,同时创造出社会团结的局面。土地和其他自然资源的严重匮乏使这个国家不可能采用"封建模式"(内向型发展模式),从而也不能产生特权。尽管如此,无论新加坡社会政策之下蕴含着的动机有多么高尚,进一步扩大像受教育权利之类的经济机会,从而将本群体的边界向新涌现的优秀人才开放,都是符合精英阶层自身利益的做法。在普及教育和各种奖学金的帮助下,穷困家庭里的聪明孩子也能够走进大学的校门。可以说,新加坡的情况与其他国家的精英群体形成了鲜明的对比。在巴基斯坦等一些国家,封建贵族阶层拥有大量土地。他们的圈子愿意接纳依靠本国出口替代政策而发家致富的实业家,却完全不肯向广大农村地区的女孩和男孩提供高质量的教育,唯恐手中的政权悄然流逝。[10] 在很多情况下,这造成一种低水平的均衡,伴随着糟糕的农业产出,等于又回到了分派经济租金的旧模式之下,实际上没能创造出任何新的财富。

---

[10] 伊施拉特·侯赛因:《巴基斯坦:一个精英国家的经济》,卡拉奇:牛津大学出版社,1999年。

第三，新加坡的领导精英愿意并积极主动地承担责任与义务。尽管政治参与有诸多约束，但需要强调的是，新加坡的精英们心甘情愿地接受了政府对其行使权力施加的种种限制。权力具有走向腐化堕落的自然倾向，深谙此理的统治集团成员认同了旨在压抑上述倾向的制衡机制，将新加坡从专制独裁的盗贼式个人统治之下解放出来，并奠定了政府的合法性基础。其中，以下几个方面特别值得予以关注。首先，新加坡的司法机关起到了制衡政治权力的作用。高级政府官员如果被法庭传唤，就必须出庭，这是他们的义务。1996 年，李光耀和他的儿子李显龙（Lee Hsien Loone）曾被指控在房地产买卖方面行为失当。经过彻底的法院调查，最后父子两人均被宣告无罪。在很多领域，新加坡都在国际组织的调查中获得了很高的评级，法律领域也不例外。这个城市国家在坚持法治、维护私人财产权，以及运用法律武器保持政治家和公务员的诚信、廉洁方面，都表现优异。其次，政权由一党主导并不必然意味着民主的缺失：新加坡的国会选举每五年举行一次，最近的一次是在 2006 年 5 月。⑪ 选举充分体现自由竞争的原则，不存在选票舞弊、恐吓选民等操纵选举的行为。尽管反对党若想获胜、赢得政权还是困难重重，但新加坡人可以通过民主方式改变政府。⑫ 20 世纪 60 年代末以来，人民行动党就已取得对国内反对

---

⑪ 目前，新加坡最近的一次国会大选在 2020 年 7 月举行，人民行动党赢得新加坡国会 93 个选区议席中的 83 席，蝉联执政。根据选举局公布的数据，人民行动党的得票率为 61.24%，低于 2015 年大选时的 69.86%。——译者注

⑫ 对反对党的限制包括其可接受的捐赠数额及其向选民宣传本党观点的方式。人民行动党总能充分利用执政优势。每逢大选之前——大选时间都是由政府规定的，财政预算将一些累积下来的储蓄"重新分配"，返还给民众。返还可以采取多种方式，诸如分派权益股份或"补充"各类中央公积金账户，对穷人，则多采取公共事业缴费或房租部分退款的方式。人民行动党还公开警告市民，投票支持反对党的选区将成为获得住房改善的预算支出排位靠后的选区——这是一个重大的财政缺陷。

党的绝对优势地位。其得到的执政权，以及多年来逐渐确定的选举规则，令人民行动党站在了权力的制高点上：通常情况下，由于反对党候选人不足，在选举日到来之前，人民行动党的胜利就已经是板上钉钉的事了。尽管如此，投票选举结果充分表明了人民大众的支持度。人民行动党的支持率，从 1991 年的 61％，到 2001 年的 75％，再到 2006 年 5 月的 67％。新加坡政府充分意识到，每隔一段时期，就要在选民面前寻求一次重新地授权。这是一股强大的推动力量，将有助于实现民众所期待的共享繁荣、人身安全以及公共秩序——这也是选民们参与投票的初衷。[13] 通过创造广泛的就业机会、改善生活条件，新加坡的统治集团获得并保持住了来自民众的普遍授权，得以实施其长期的经济增长战略。最后，新加坡政权的另一股制衡力量是跨国公司。这在当今高度竞争的全球化环境中似乎显得有些不同寻常，然而在新加坡，后者的影响力却不容小觑。新加坡对跨国公司具有很强的战略依赖性，将其视为国家经济增长的引擎，这就相当于对某些类型的执政失误构成一道额外的检查程序，因为在这个国家的经济中，稳定的政治、清廉的政府以及健全的经济管理制度对提振投资者的信心至关重要。新加坡政府将强大的政权与最基础、接近于完全竞争的个体市场有机结合在一起，而自己并非一个主宰垄断市场力量的强大政权。

总而言之，新加坡的领导精英先在 20 世纪 60 年代完成了权力的确立，随后在全社会范围内遴选人才，并成功构建了一整套促进发展的制度

---

[13] 李光耀表达了他为何执意向部长们提出要求。另请关注他的声明："忽视工人阶级或'当地土著'居住的地域，只在富人区种植花草、清理卫生，对于一个民选政府来说，在政治上将是毁灭性的灾难。"见李光耀：《从第三世界到第一世界：新加坡的故事(1965—2000)》，第 202 页。

体系。经过一番激烈角逐，它最终将长期的经济增长战略设立为本国的头等大事。统治集团愿意将参与经济增长的机会在全体国民之间共享，并时刻准备在行使权力的同时承担责任与义务。正是这三个特征使得新加坡显得与很多其他国家截然不同。那个在国家中占据主宰地位的群体，在关于一项切实可行的长期战略上，与其他社会成员订立了一个广泛接受的社会契约。

上述战略符合领导精英与人民大众的最大利益。人民行动党意识到，想要阻止激进主义者将民众的注意力转移到失业者正遭受的疾苦上，就必须设法改善国家的经济状况。新加坡缺乏可作为战利品随意分配的自然资源，一旦政治权力得到巩固，也不需要通过贿赂来安抚竞争对手。事实上，高度的诚信和廉洁巩固了人民行动党的政权。这种富有洞察力的策略，使新加坡的精英阶层不但安然渡过生死存亡的危机，甚至还日益兴旺繁荣，并在一个安全、受人尊敬且充满活力的国家中扛起了领导力量的大旗。他们在帮助民众发挥其全部潜能的同时，也达到了自我实现。这种战略具有强大的驱动力，新加坡的领导精英也的确紧紧抓住了机会。精英集团的自身利益与人民的共同发展幸运地达成一致、完美融合，成为新加坡成功的坚定基石。

二、制度建设的政府策略

据我所知，并不存在一本万能手册，可以轻松地指导各国政府为推动经济增长去设计、制定各种政治、经济发展策略。与此相反，一些共产主义政党则习惯于制作战术指导手册，制定夺权政权、达到政治目标的详细步骤。比较典型的例子是,部分国家的共产主义政党会首先融入民族主义独立运动,并取得领导权,在独立运动取得成功后再来完成共产主义事业。不过,新加坡确实有一些策略和想法可供借鉴。关于如何改善公共部门的治理,世界银行曾在与多国合作经验的基础上得到许多结论,并拿出来供国际社会分享。[14] 那么,新加坡政府为实施其雄心勃勃的长期战略,曾遵循过哪些具有可操作性的步骤? 在接下来的部分,我们将其归纳为三个主题。

赢得并保持来自人民的信任

新加坡政府赢得人民信任的方式,是创造一项关于经济成功的世界纪录。它言出必行、行必达标,以此来巩固自身的权力。政府设定的目标都是切实可行的——因此总能完成、甚至超额完成。到 1972 年,失业问题已彻底解决。在决策者的远见卓识之下,大目标被分解为若干更容易管理的小任务。改革总是循序渐进地推行,从不试图一蹴而就。一些对条件和环境要求更高的改革措施,比如司法和税务管理制度的变革,则延迟到近几十年来才逐步展开,这符合国际社会关于其重要性不断演变的认识。新加坡政府曾承诺,将给每个人带去实实在在的利益。它也确实履行了这一承诺。住房、教育和在职培训成为经济持续增长的有力支撑,并显著改善了国民的生存状态。每一项经济计划都经过精心的设计,以确保超高的成功率。每一次成功都孕育着下一次的成功,这有助于在本国与外国投资者心目中建立信心。通过不断产生的良性结果,人民行动党也证明了其连续统治的合理性。

---

[14]《世界银行报告》(2005 年 b)《20 世纪 90 年代的经济增长:十年改革的经验教训》,第九章。

137

新加坡政府一直致力于保持获得绝大多数人民的支持。它拥有一个运转顺畅的政策效果反馈系统，听得到每个社区人民的心声。当改革势在必行、不可避免时，政府总会适时地阐明理由。这并不容易。用李光耀的话来说："重新安置每一个小贩、每一个养猪户、每一个家庭手工业者都会引发讨价还价。他们永远不会开开心心地搬家。这是一项潜藏着巨大风险的政治任务……需要抱着充分的同理心，换位思考、谨慎处理……否则，我们将在下一次选举中付出代价……即便如此，有时还是不得不作出痛苦的抉择——这是为了多数人的利益。从乡间宅地迁居高层公寓的年老的农民，十分怀念他们的鸡、鸭和菜地。即便过上 20 年，他们也可能对人民行动党投上一张反对票。他们觉得政府摧毁了他们的生活方式。"[15] 最终，政府的理性思考占据上风。老一辈人遭遇的痛苦，却给子孙后代带来福祉。

新加坡政府抓住一切机会，勤勤恳恳地推行自己的政策，向人民解释其合理性，特别是针对那些不受欢迎的政策。从贤能统治的意义来看，新加坡政府就是一个精英主义者，然而，他并没有脱离民众。所有的政策都绝不会独断地强制推行。20 世纪 60 年代末，主要政府官员与多个工会组织进行了一系列面对面的交流。前者表现出勤勉、耐心以及充分尊重的态度，再加上卓越的沟通技巧，结果竟将数位工会领袖争取到本方阵营里来。[16] 同样，1994 年正式推出"商品及服务税"（一种新的增值税）之前，政府进行了一系列细致的调查与安排。[17] 1999 年，电子道路收费系统，政

---

[15] 李光耀：《从第三世界到第一世界：新加坡的故事（1965—2000）》，第 207 页。

[16] 同上，第 105 页。

[17] 穆库尔·阿舍：《面向 21 世纪的新加坡税制改革》，载许爱智等主编《21 世纪的新加坡经济：问题与战略》，第 414 页。

府也是在不断地宣传,让民众做好充分的心理准备后推出的。1998年,降低资方的中央公积金缴费率,时任副总理李显龙也必须要想方设法来处理这一政治难题。在这个国家,任何一个提案都不是凭空捏造出的华丽辞藻。它们总是被假想为走投无路时的最后一搏,慢慢地揭开神秘的面纱。由于在此大众已对其他备选方案进行了充分的讨论,他们日益确信,政府的提案就是唯一正确的选择。[18] 而在政府看来,如果存在变革政策的必要性,让人民尽早做好准备,并向他们明确解释为什么需要改变是十分必要的。

　　总之,政府的上述策略,一方面有利于减少政治资本的浪费,另一方面可避免改革结果事与愿违。然而,新加坡政府也并非拥有百分之百的成功率。它涉及人口计划的初次尝试就是一个例外,并因此损失了很多选票。[19]

引导集体意识趋向经济增长

　　新加坡的领导人曾强调,国家正处于生死攸关的关键时刻,试图通过唤起民众对国家危亡的担忧来刺激经济的发展。的确,威胁是真实存在的。1942—1945年日军占领后的残暴统治使所有人明白了一个道理:生存并不是理所当然的事。二战后,激进的工人运动使本地区处于不稳定的状态。当时的新加坡作为一个经济繁荣、华人为主的国家,偏安马来半岛一隅,自然严重缺乏安全感。苏加诺对新加坡加入马来西亚联邦的前

---

[18] 戴安·K. 莫齐、R. S. 米尔恩:《新加坡政治:在人民行动党的领导下》,第123页。

[19] 李光耀曾提出一个极富争议性的观点,即社会中的才能分配不公及其可能产生的结果将影响不同群体的生育意愿。面对反对者,李光耀回应道,他"对政治正确毫无兴趣……只想做正确的事"。(《财富》,1997年7月21日,第31页和第36页)

景怀有明显的敌意,再加上,1965 年 10 月苏哈托将军发动政变,在印度尼西亚血腥镇压了亲共产党的官员。这一切,势必引发恐慌。1964 年在新加坡持续蔓延的狂热和盲信煽动起一系列种族主义暴动,在 1965 年则对李光耀及其家庭成员的生命安全造成极大的威胁。与马来西亚之间时常爆发的摩擦,包括对方恐吓将切断关键的饮用水供应,促使全体新加坡人必须携起手来、众志成城。政府告诉民众,如果不能在这场斗争中取得胜利,将意味着重新被马来西亚吞并,成为另一个类似于槟榔屿或马六甲的州。正如一位观察家所言:"新加坡人为何一直保持着异常高的警惕性……一种被敌人包围的感觉和缺乏安全感的文化……是其中根本的原因。"[20]随时爆发恐怖主义行动的风险则加剧了新加坡安全的不确定性。

新加坡人意识到,与其激起憎恨,还不如将遭遇国内外双重威胁的不安全感内化为一种积极的力量。他们通过创建高效的武装部队来保卫本国主权,国防已成为其价值体系的一个重要组成部分。新加坡人一再宣扬,保持族群间的和谐共存,必要时做出妥协让步,对国家生存发展十分关键。早年创伤的痛苦记忆经常被唤起,政府以此作为构建国家内部凝聚力的有效手段。这与西欧的做法本质上并无不同——只是前者是在某一个国家内部,后者则在数个国家之间。两次世界大战的悲剧,在那些参战人员心中留下了深深的伤痕,促使他们愿意在欧盟的框架之下和解互让。对随时爆发的危机和国内外敌人的恐惧,激发了民众的力量,也使新加坡变得更加坚强、更具韧劲。民众选择了人民行动党,与人民行动党站在一起;人民行动党团结广大民众,带领民众安然渡过危局,从而,合法地承担起民众"受托者"的角色。

---

⑳ 迈克尔·利弗:《新加坡的外交政策:应对脆弱性》,伦敦:劳特利奇出版社,2000 年,第 4 页。

随着这个年轻国家的政治生存危机逐渐解除，经济方面的发展困境凸显出来。毋庸置疑，当时极度脆弱的新加坡经济很容易受到外部不利因素的打击。1967年，当英国宣称计划在1971年底之前关闭全部军事基地时，新加坡民众都担心可能发生经济崩溃。他们估计，未来每年的经济损失可能高达国内生产总值的五分之一。英国撤军引发民众对国家前途深深的危机感，新加坡政府正好利用这种危机感，来证明国内此起彼伏的罢工行动对工人的自身利益可能造成的灾难性的后果。对自身命运的担忧，促使在这个年轻的国家与民众之间关于劳动密集型、出口导向型工业化的社会共识得以建立。此刻，新加坡人没有怨天尤人，没有将本国的困难归咎于外部世界，也没有乞求国外援助——虽然形势一度异常艰险。即便如此，到1971年，归功于大举涌入的投资，这个国家的经济转型业已完成，失业者也都重新找到了工作。

在接下来的日子里，多次经济危机接踵而至。20世纪70年代的石油危机、1985年和2001年全球性需求下降的导致经济衰退、1997年的亚洲金融危机，以及2003年非典型性肺炎疫情笼罩之下的游客数量锐减，都对新加坡经济造成严重的打击。然而，面对每一次打击，这个国家都在坚定的信心之下从容应对，处理危机的方式给世人留下深刻的印象。在新加坡人看来，每一次危机都堪称天降良机，都是驱使本国经济走上新一轮重组、多样化和创新之路的推动力——这完全符合阿诺德·汤因比（Arnold Toynbee）"挑战与应战"的历史观。

在新加坡人的心目中，全球竞争的加剧既是挑战、也是机遇。本国开拓的创新领域、引领的创新潮流都可能被复制到世界上的其他地方，因此，新加坡必须加快速度，紧跟经济竞争对手的步伐，直至实现反超。低

140

成本竞争会削弱本国的比较优势。然而，与其哀叹不幸遭遇，这个国家的政治领导人更看重全新机会的获取。内阁资政吴作栋最近的一次公开讲话就表达了这样的观念。在南洋理工大学15周年校庆集会上，他引用达尔文主义者的名言："如果不去适应，强者也会灭亡"，以此强调持续不断地重塑和再造是多么的必要。㉑

除了生存发展的需要，在经济上追赶甚至超越西方是新加坡人的另一个奋斗信念。几十年来，这个国家曾不断设置、调整和更新具体的发展目标。比如，在"1991年战略规划"中提出，到2030年达到美国的人均收入水平，或到2020年达到荷兰的人均收入水平。㉒ 此外，新加坡还一直不断地推动科学技术基础设施的投资和创新能力的不断升级，旨在缩小与发达经济体之间的技术水平差距，并使本国迈入高收入经济体的行列。

怀着赶超西方的目标，新加坡人相互激励，驱策自己不断地超越。这种永不原谅自己的失败，一直追求自我完善的性格，被新加坡人幽默地称为"kiasu"，这个词来源于闽南语"惊输"，意思是"怕输"或"害怕失败、吃亏，怕输得不到"。这种性格在经济领域上的表现就是，新加坡人总是全神贯注地行动，试图抢占先机，努力开发新的、优秀的市场生态。最近，他们就将大量精力花在旅游综合体和数字电影制作公司的创建，以及先进的水处理技术的研发上。

㉑ 引自《海峡时报》，2005年12月18日。

㉒ 新加坡贸易与工业部：《战略经济计划：朝向发达国家的目标》，新加坡：经济计划委员会、贸易与工业部，1991年。

获取和巩固权力的策略

将共享繁荣的战略愿景变为现实，需要坚定而娴熟的政治领导。作为社会契约其中一方的缔结者，政府为了实现目标、履行义务，必须采用一系列行之有效的策略，并随着环境变化对所有策略进行轻重缓急的排序，以求达到最佳效果，最终实现政权的获取与巩固。然后，政府再利用手中的权力，确保经济政策和制度建设项目都能稳健运行。

新加坡的政治领导人在实际工作中表现得十分勤勉、充满智慧。与其他国家的执政党一样，人民行动党在每次选举之前，都充分地利用了财政预算等各种有力手段。反对党出现的任何策略失误，都立刻被精明的人民行动党抓到，巧妙地利用。在李光耀的带领下，党内温和派击败了所有竞争对手。1961 年大选前夕，一些激进的人民行动党成员与亲共产主义的工会领袖共同组成了一个新的激进党派——社会主义阵线（马来语：Barisan Socialis，巴里桑社会党）。他们的主要纲领是要求立即完全脱离英国的统治，建立独立的新加坡，并要求尽早敦促英方撤军。面对这个看似强大的竞争对手，李光耀意识到，真正左右选民意志的，反而是一个可信的承诺——通过经济扩张创造更多的就业机会、提高人民生活水平。后来的事实证明，李光耀的判断是正确的。从那时起，人民行动党开始大力宣扬本党路线的优越性："没有哪个党（比人民行动党）能给国家、给民众带来更多的经济福祉。"两年后，敏锐的时机意识使李光耀抓住了社会主义阵线转瞬即逝的弱点，充分利用。1963 年 9 月，就在新加坡加入马来西亚联邦 6 天之后，出乎所有人的意料，他不顾社会主义阵线的反对，突然发起一次大选。最后的结果是，人民行动党以压倒性的优势获得胜利。

每当情势需要时,人民行动党总表现得非常冷酷无情。在 1963 年选举大获全胜之后不久,政府立即逮捕并监禁了 15 名主要的反对党领导成员,理由是他们正在策划一起"共产主义阴谋"。这次逮捕行动使反对党元气大伤。早在 1959 年,阿尔伯特·温思敏就曾对李光耀提出警告:要将共产主义势力从新加坡的政治舞台上完全清除出去,这对赢得工会的支持至关重要。而只有赢得了工会的支持,与他们进行建设性的合作,新加坡的经济增长战略才能顺利实施。人民行动党针对社会主义阵线采取的大胆而严厉的打击行动,平息了一部分共产主义者及其同一阵营的激进左翼工会成员的反抗。直到 1968 年,政府与不屈服的工会领袖的激烈对抗仍在持续。不过在一次被定性为非法罢工的运动之后,工会的势力最终彻底瓦解,愿意与政府合作的工人则保住了工作。从此,在任何政治集团心目中,人民行动党都成了一个强大到可怕且极具竞争力的对手。一些人认为,新加坡之所以始终缺乏一个可靠的反对派,与人民行动党的威权主义行为方式有很大关系。例如,政府经常援引《国内安全法》(Internal Security Act,ISA)来围捕"共产主义运动的支持者",并未经审判就将他们长期监禁。有一个人竟然被非法监禁了 21 年之久,成为新加坡国内关押政治犯的最长时间纪录。[23] 1997 年大选之后,人民行动党的领导人曾对一名反对党的成员发起多次成功的诽谤罪诉讼,控告他散布煽动性言论。接二连三的官司带来巨额的辩护费用,被告者被迫宣布破产。而根据法律,一旦破产,他就丧失了担任国会议员的资格。

人民行动党每征服一块政治地盘,往往就会立即通过正式立法加以确认并使其得到保护。此后,就可拿起法律的武器保卫本党的战利品了。

---

[23] 美国国务院《2006 年人权国别报告——新加坡》。

一方面对现有法律体系进行系统地使用和巩固,另一方面颁布新的法案,二者共同的目的,就是牢固权力,并为国家发展战略提供支撑。1948 年,英国殖民当局曾引入一项反颠覆立法,制裁任何未经审判的逮捕和监禁行为。然而,这份法案最终沦为一纸空文。直到今天,当局仍具有包揽一切的权力,包括管控民众抗议。制定的选举规则使政治天平进一步向有利于人民行动党的一端倾斜。[24] 新加坡还出台一系列法律,限制新闻出版业的所有权和行动自由,此外,还存在旨在打击和防止诽谤的强大法律保护。用李光耀的话来说:"首先,我们教育和劝诫我们的人民……在我们成功说服他们并赢得多数人的支持后,我们**立法**(作者强调这个词)惩罚那些任性的少数派。"[25]

143

对新加坡的经济增长战略而言,立法发挥了支撑和巩固的作用。新加坡宪法是经过精心设计和制定的,要构建各族群之间的平衡,并明确地宣称要建设一个宽容的多族群社会。1968 年颁布的法案将工会运动限定在政府经济战略的执行范围之内。[26] 而一旦时机成熟,财政保守主义原则、规定也将形成法律条文。根据新加坡法律,在每届政府任期之内,

---

[24] 1988 年大选时,新加坡引入"集体代表选区制度"(Group Representation Constituencies,GRCs),自此以后,大多数国会议员都是从集选区中选出来的。集选区要求每个党派都推举出一个由 3—6 名成员组成的团队,其中至少包含一名少数族群成员。获得多数的党将赢得全部席位。批评人士谴责这项创新实际上是一个阴谋,目的在于削弱反对党的力量。他们论争道,来自反对党的强有力的候选人可能因为队友实力较弱而无法当选。与此相反,如果某人身为人民行动党的候选人,且所在集选区由一位受欢迎的部长领衔,结果就可能成功当选,即便他或她实际上缺乏选举魅力。

[25] 李光耀:《从第三世界到第一世界:新加坡的故事(1965—2000)》,第 211 页。

[26] 为了保护民众的权益,1967 年颁布的法律禁止罢工和公用事业雇员停工。1968 年的《就业法令》确立了一条神圣的法律原则:工资谈判必须建立在经济增长和效率提升的基础之上,而非根据抽象的正义观念。1968 年的《劳资关系法案(修正案)》撤销了篡取雇主特权的工会行为。它有助于吸引巨额投资,并创造新的就业机会。

财政预算必须保持平衡或盈余状态。任何一届政府，都不可动用上届政府积攒下来的预算储蓄，除非得到总统的特别授权。根据法律，任何人，只有经过严格的遴选、被确信具有"高尚的道德品质"，同时满足其他众多苛刻的条件——比如具有丰富的行政和财政经验，才有资格参加总统竞选。在新加坡，总是先有实践，再立规则。而在一些国家，它们有时会被说服，投票赞成某项法律或接受某个规则，结果却将自己的手脚束缚住了，然后又须依靠法律的强制力或先前的承诺迫使它们执行那些令人满意的经济政策。欧元区成员国通过的支配预算政策的财政管理规则，以及 20 世纪 90 年代阿根廷实行的货币局制度，都说明了以下的问题，很多政府会掉入自己设置的陷阱，因违反自己制定的规则而遭到自己预先设定的惩罚。虽然关于财政责任的立法可以提高透明度，增加可预测性，但它们本身并不意味着某项政策就一定是可靠的、可信的。与之相反，在新加坡，维持财政预算的诚信，依靠的是社会的力量。在强大政权和坚定信念的支持下，一扇门已经被牢牢锁住，立法扮演的只是一个额外的安全锁的角色。[27]

144　　人民行动党的领导获得了支持与合作，培养了众多盟友。其中的一些盟友是机会主义者，后来当政治环境发生变动时，他们的立场就可能改变。比如，20 世纪 50 年代，人民行动党曾与激进左派合作，与马来西亚右翼总理通库·阿卜杜勒·拉赫曼一道打击"社会主义阵线"，到 60 年代，又与英国联合以换取后者对新加坡加入马来西亚联邦的支持，等等。除了上述短暂的合作，人民行动党还有一些同盟关系——特别是与工会

---

[27] 新加坡货币发行局（Board of Commissioners of Currency，BCCS）创建于 1967 年。虽然它并非严格意义上的货币发行机构，但确实为新加坡的货币金融政策提供了制度上的信心。

的关系，则是长期存在的，是牢固地建立在原则共识基础之上的。人民行动党政府尽可能将工会与本国的政策联系起来，甚至试图将二者整合为一体。人民行动党利用一个劳工的组织联盟——"全国职工总会"（National Trades Union Congress，NTUC），训练和规范工人的行为，帮助其迅速适应工作环境，努力工作，树立忠诚尽职的价值取向。1982年，《工会法案（修正案）》将工会的职能界定为促进雇主和雇员之间形成良好的劳资关系，从而提升劳动生产率，实现包括劳资双方、国家、族群等涉及各方利益的共赢。人民行动党还鼓励工会组织工人加入如超级市场、出租车服务公司等生产合作社，让他们有机会共享经济发展的成果。随着时间的推移，人民行动党政府与全国职工总会已经形成某种共生的关系，这种关系一直是新加坡经济成功的一条核心纽带。全国职工总会秘书长常年担任政府内阁部长，几位总统也都具有工会的职业经历；人民行动党的很多敬业的干部也都是从工会系统中招募和选拔出来的。为了使盟友支持自己的事业，新加坡政府充分行使行政体系内部的人事任命权，结合精英原则的同时避免任人唯亲。公务员体系也被紧密整合进入政府政策的执行流程中。

　　为了支持外交上开放的多边合作框架，新加坡还构建了若干双边联盟。然而，当面对激烈的大国竞争时，新加坡则奉行不结盟政策，"任何国家，倘若愿意和我们交朋友，我们就要寻求和他们成为朋友"。[28] 新加坡公开承认美国向东南亚各国提供安全保障的事实，在冷战时期，这对坚定 145 美国投资者的信心十分关键。在这个问题上，新加坡强调了美国发动越

---

[28] 新加坡外交部长贾古玛(S. Jayakumar)(1997年)，转引自戴安·K. 莫齐、R. S. 米尔恩：《新加坡政治：在人民行动党的领导下》，第176页。

南战争所带来的经济利益,因为这使得本地区其他国家有时间发展本国经济并能应付共产主义运动带来的影响。新加坡还特别关注美国海军对经济发展的促进作用——保障全球那些至关重要的海上航线向国际贸易持续开放。此外,新加坡还一直敦促东盟支持中国和印度在经济上的崛起。

总之,通过实施长期的战略、运用明智的战术,人民行动党政府在过去40年间成功构建起一整套有利于经济增长的制度体系。其战略的核心出发点,就是为全体国民带来繁荣与安全,并对所有曾作出的承诺负责到底。它曾运用的战术原则包括:(1)引导集体情绪、强化民众的价值观,而引导和强化的方向都是要让国民支持政府的发展战略;(2)聪明地利用政治对手的弱点,同时也不放弃使用强制性的高压权威手段;(3)运用立法的权力;(4)建立同盟关系。1971年,人民行动党政权已得到充分的巩固。回过头来看,1959年至1971年这12年是相当关键的时期。它为之后的35年演变历程奠定了基础。到那时,新加坡发展战略这棵小树苗已深深扎下了根。后来,这个国家之所以在建设推动增长的制度和政策方面取得了如此惊人的成功,正是因为有了那12年里取得的一系列政治和经济方面的成绩。

第六章 新加坡：历史、未来以及他国可能学到什么

一、有机整合的战略：成功的基石

新加坡经济发展的成功经验引人注目。其核心包括以下几点：预算纪律和延迟享乐，通过价格激励和市场调节机制实现资源的有效配置，通过提供经济机会促进社会包容，廉洁高效的可靠政府，长远的视野，即便经历艰难的讨价还价却仍保持着的双赢的合作态度，等等。上述全部因素，共同催生出一整套经济政策、制度和观念，它们相互巩固、彼此促进，创造出一连串令人印象深刻的经济发展纪录。随着时代的发展，新加坡已成功构建了一套强大而牢固的制度体系，持续而有力地推动经济增长。这套制度有助于确保良好的经济政策真正付诸实施，并为经济增长的直接促发动因——生产资料的增长和劳动生产率的提升——提供坚强的支撑。

新加坡政府干预经济的主要方式，是通过与跨国公司的合作，为旨在获取利润的私人投资创设条件。通过创造各种有利可图的机会，政府帮

助众多跨国公司逐渐兴旺发达。新加坡的地缘优势及其作为转口贸易中心的历史传统为后来的发展准备了有利的初始条件。然而，更重要的是新加坡所拥有的良好的政策，提供了完善的现代交通与通信基础设施、稳定的金融体系、税收优惠融资手段，以及一支富有竞争力的劳动力大军；新加坡所拥有的健全的制度则在维护社会、政治稳定的同时，确保政府管理高效、廉洁。政府在民众中分享收益，为民众提供机会，这一切都树立了政府的合法性。总之，新加坡政府抱持的立场和采取的方法始终是理性的、而非意识形态的：将政策的着眼点放在驱动经济的繁荣上——要实现民众对国家的一切期许，首先都必须开创繁荣的局面。经济增长过程本身就会创造一种目标意识和社会责任意识。

经济增长、政策、制度和政治经济学（即政府管理政治经济的能力——译者注）四者的有机整合是本书反复出现的主题。新加坡劳动力市场的政策和制度恰当地说明了这个城市国家成功增长动力的基础来自以上四者的完整组合。新加坡立国之初，劳资关系处于严重的对抗状态。这样的情势阻碍了政府通过发展基于外国投资的劳动密集型、出口导向型制造业，以实现经济增长的愿景。政府发现，如果想获得劳动者的信任，帮助他们建立信心，就必须真心实意地做出承诺，为全体国民创造利益，假以时日，必须真正提高民众的可支配收入，并切实改善他们可享受的医疗卫生与教育服务水平。为此，新加坡政府精心培育良性的劳资关系，谨慎处理反对派的残余势力，创建配套的法律体系，并构筑工资协商与谈判制度。灵活的弹性工资则确保了资源的有效配置。1973—1997年，新加坡人的实际工资年均涨幅正好控制在5%以下，且在大部分时间内都实现了全民充分就业。① 政府运用自身力量,将上述各种因素有机组合在一起,最终服务于劳动者,并促进整体经济的发展。

打击腐败是另一个例子,证明将若干因素以多方权衡的方式整合为一体的重要性。从政府的最高层开始,所有官员不论级别高低,始终如一地严格执行反腐败法律;政府为所有清廉的行政公务员发放具有竞争力的薪酬,财政政策则为其提供不受通货膨胀影响的资源;将可能引发官员堕落的经济和政治机会降到最低;等等。上述因素互相结合,综合作用。经过这样的有机整合,形形色色的要素产生的合力,超出了它们中任何一个的个体可能产生的结果。多年来,当很多国家的元首、领袖和高级官员前来新加坡访问、考察时,他们都曾表达过一个共同的愿望,要在反腐领域以及其他诸多方面"从新加坡的成功中汲取经验"。然而,他们往往仅从中选取一小部分符合自己偏好或意愿的做法——就像从自助餐菜单中点几种一样,然后拿回去运用于自己的国家。结果,最关键的要素却被有意无意地遗忘了、放弃了。一旦如此,协同效应自然不会出现,有时甚至会使情况变得更糟。比如,一些国家效仿新加坡的高薪养廉政策,却未对那些位高权重、拿着巨额酬劳的人施加反腐法律的制约,实际成效只能适得其反。

新加坡的住房政策历经多年的精心设计和适时调整,也实现了多重目标。它有助于降低失业率、促进收入提升和维护不同族群成员的和谐相处。国家在给予民众住房所有权的同时,也向他们灌输自尊、自爱和爱国、忠诚等观念。新加坡的岛屿环境变得更美丽了,劳资关系也日趋建设

149

---

① 李光耀:《从第三世界到第一世界:新加坡的故事(1965—2000)》,第 114 页。1998—2005 年,新加坡人的年均实际工资增长率降至 2.7%。数据来源:新加坡统计局。

性。消除了这些制约发展的固有障碍之后，多重的良性效果随之产生。如果用一个古老的谚语来形容的话，这就是所谓的"一石二鸟"——事实上这个国家用一块石头杀死的，甚至不止两只鸟。新加坡的国家政策和制度安排往往目标精准、特色鲜明，并且具有可操作性，比如住房政策与其他政策和机构（中央公积金管理局、建屋发展局等）的设置错综复杂地交织在一起。

二、捉摸不透的新加坡

到目前为止，本书一直避免使用"新加坡模式"这个措辞。在字典里，"模式"一词的含义是"供他人模仿、比较的标准或范例"。在我看来，这个概念的缺陷就在于，它的内涵倾向于暗示人们去简单地复制细节，而未鼓励他们去寻求合适的方式，将已被确认正确、有效的原则运用于本国独特的环境之中。那么，我们该如何描述新加坡经济的特征呢？事实证明，如果只能选择一个标签，那肯定无法回答上面这个问题。新加坡经济拒绝任何标签，因为它的自身内部就充满了各种各样的悖论。

一些人将新加坡经济称为资本主义自由市场经济。持保守主义立场的美国智库"传统基金会"（Heritage Foundation）2006 年公布的全球经济自由度指数，其中新加坡位列第二，仅次于中国香港地区，理由是其具备整体高效的市场环境，有利于商业的发展。[2] 世界经济论坛则将新加坡列为"高度竞争性的经济体"，排名比日本和英国都要靠前。[3] 另一个

---

② 美国传统基金会（2006 年），经济自由度指数。
③ 世界经济论坛《2005 年全球竞争力报告》。

美国的智库组织，所谓"自由之家"，对新加坡的评价就与前面不同了。由于这个组织的排名更关注政治权利和公民自由，结果新加坡得到的评级很低，只被归于所谓"部分自由"国家行列。④ 还有一些组织将人民行动党的统治描述为"专制威权资本主义"，以区别于一些国家的"专制威权社会主义"。⑤

李光耀曾多次强调人民行动党和他本人的社会主义渊源："我们相信社会主义，我们相信人人平等。"⑥关于新加坡特殊类型的所谓"社会主义"，许多文献中常见的描述语包括"务实的社会主义"⑦、"真正有效的社会主义"⑧，以及"市场社会主义"⑨等。新加坡政府对几乎所经济部门，都抱持强大的干预主义态度。从中，我们可以轻而易举地找到诸多"计划经济"的要素。还有部分学者将新加坡界定为行政管理下的国家，因为它似乎不是处于政治家们的统治之下，而是由一群关心民生的经济技术专家来经营的。⑩

一些学者称新加坡为"主要由人民行动党的技术官员运营的企业国家"⑪，而且，"这家企业还经营得非常成功"⑫，不但拥有一份漂亮的资产

④《美国"自由之家"2005 年报告》。

⑤ C. 林格尔：《新加坡的威权资本主义：亚洲价值观、自由市场幻象和政治依赖》，巴塞罗那和费尔法克斯：埃迪西奥内斯·希罗科与洛克学院，1996 年。

⑥ 李光耀：《从第三世界到第一世界：新加坡的故事(1965—2000)》。

⑦ 迈克尔·D. 巴尔：《李光耀：这个男人背后的信念》，华盛顿：乔治城大学出版社，2000 年。

⑧ 吴庆瑞：《一套行之有效的社会主义经济》。

⑨ 丹尼斯·约翰·盖尔：《新加坡市场社会主义：对发展理论的一些启示》，载《国际社会经济学杂志》第 15(7)号刊，1988 年。

⑩ 佘钱妙：《行政国家：你往何处去？》，载琳达·洛主编《新加坡：朝向一个发达国家的发展》，牛津：牛津大学出版社，1999 年。

⑪ W. G. 赫夫：《新加坡经济发展：四个教训与一些质疑》。

⑫ S. P. 金：《1991 年的新加坡》，载《亚洲调查》第 32 卷，1992 年。

负债表，而且与包括民众在内的形形色色的"利益相关者"、"大股东"打交道时，表现得游刃有余。一些学者强调跨国公司在新加坡发展中所起到的关键作用：包括把新加坡描述为"一个由大量国有企业主导的企业集团式的经济体，这些国有企业与跨国公司的密切合作使该经济体蓬勃发展"。⑬ 此外，还有一些学者着重分析了新加坡的经济增长与国外专业技术、人才智库的依存关系。

沙因(Schein)⑭在其著作中针对新加坡特别提出了一个概念——"战略实用主义"⑮，而洛则将新加坡经济的特征描述为"政府制造"。⑯

谁说的对？从某种程度上说，以上两者都对。我们可以将新加坡的经济增长看作一次独一无二的实验，新加坡政府以灵活、务实而又非正统的方式将现有可用的全部最好的制度结合为一体，并使之适应自身特殊的社会环境。居于核心地位的是一批经由民主选举脱颖而出的领导精英，他们被赋予驱动经济繁荣的使命。群体利益的重要性超越个人利益。民众接受限制自由的民主，宁愿放弃一些个人的权利，以换取更大的成功和国家的稳定。精英阶层要求政策的连续性以将本群体的长期愿景付诸实现。只有一个政党占据主导地位，其他政治派别和团体则被迫保持低调，以保护执政党的权力免遭来自个人、媒体和游说组织的挑战。正如内阁资政吴作栋所言："后者不是经由选举产生的，无权制定议程，当然也无

151

---

⑬ D. 连：《新加坡：新加坡国有企业——新经济守护者还是旧经济圣徒？》，2000 年，网络访问地址为 http://www.morganstanley.com/GEFdata/digests/20000605 - mon.html#anchor5。

⑭ 埃德加·沙因(Edgar Schein)，1928 年生，曾任麻省理工学院斯隆商学院教授，在组织发展领域具有很多独到的见解，包括职业发展、群体过程咨询、组织文化等，提出了著名的"沙因的评测模型"。——译者注

⑮ 埃德加·H. 沙因：《战略实用主义：新加坡经济发展局的文化》。

⑯ 琳达·洛：《一个城市国家的政治经济学：政府制造的新加坡》。

权按照自己设想的方式管理新加坡。"⑰按照这一观点,既然新加坡人在定期、公平和自由的选举体制下选出了本国的各级官员,又授权这些政治精英代表自己采取行动,那么其公民的权利就已经得到充分的行使。⑱为了实现经济增长的目标,精英阶层必须施行真正的贤能统治,保证本阶层成员不断更新换代,确保将最优秀的人才吸纳进来,并具有抵御腐败侵蚀、抗拒堕落诱惑的保障措施。无论是将正确的政策付诸实施,还是使良好的制度稳健运行,都需要高效的政府统治。

三、未来增长的前景

新加坡的成功毋庸置疑。那么,其经济会继续以较快的速度增长吗?政府与民众之间形成的社会契约还能起到约束作用吗?这份契约还能长期存在下去吗? 20 世纪 90 年代中期,扬和克鲁格曼提出了新古典主义的观点,即生产要素的积累并不能无限期地维持经济高速增长。赫夫指出,在 20 世纪 60 年代的苏联,一旦劳动力和资本的积累达到上限,经济增长速度就会急剧放缓。尽管苏联政府多次发出指令,要求大力推进技术进步,然而最后,他们还是不得不无奈地承认,增长已无法继续。当然,苏联是一个中央计划管制的指令性经济体,且社会高度封闭,还在阿富汗战争中付出了高昂的代价。即便如此,这还是在经济学家的心目中埋下了怀疑的种子:新加坡经济趋于成熟后,仍创造出举世瞩目的增长纪录,

---

⑰ 内阁资政吴作栋,转引自戴安·K. 莫齐、R. S. 米尔恩:《新加坡政治:在人民行动党的领导下》,第 168 页。

⑱ 熊彼特称其为温和政治或改良主义的"代表或精英"模式。

那么,这一切能持续多久?

迈克尔·波特(Michael Porter)[19]曾发出警告,革新精神和创造力是发达经济体能否实现增长的命脉所在。[20] 要想拥有革新精神,人们的思想就必须超越既有确定的规则。创新需要冒险的勇气。而一般认为新加坡的整体环境并不利于催生这种文化要素。在新加坡这种环境中常年生活,以及对失败有着强烈的耻辱感,使得新加坡人不愿意在一种存在高风险却又无拘无束的环境下工作。新加坡的教育制度注重严格的课程设置,书面考试强调对所学知识一字不差的再现,创新能力和独立工作的能力则不被重视。[21] 当产品设计、市场营销和优质服务成为最重要的诉求时,遵守前人制定的规则、坚持条条框框的原则,就并不那么适用了。普遍的观点是,新加坡政府正是上述观念的培育者。它施加的强大领导力使国民丧失了勇气,不愿意走出既定的轨道,去探索未知的外部世界。政府在经济领域的一系列强硬措施和高压手段扼杀了当地人的创业积极性。很多人相信,新加坡的政治前途与持续快速的经济增长,二者是紧密联系在一起的。众所周知,革新精神和创造力需要个人主义和多样性。那么,新加坡政府会容忍更大程度的个人主义和多样性吗?

为了保持本国经济在世界上的竞争力,新加坡政府曾多次做出及时

---

[19] 迈克尔·波特,当今世界上最有影响的管理学家之一,哈佛大学商学院的"大学教授"(该校历史上第四位获得此项殊荣的教授),商业管理界公认的"竞争战略之父",主要理论包括"五力理论"、"三大战略"、"价值链理论"理论等。在《国家竞争优势》一书中,他分析了国家为何有贫富之分,一个重要的因素就是国家的价值体系,他把这种价值体系形象地称为"钻石体系"。——译者注

[20] 波特,《海峡时报》的报道,2001年8月3日。也可见G.皮布尔斯、P.威尔逊:《新加坡经济增长与发展:历史和未来》,第254页,以及迈克尔·E.波特:《国家竞争优势》,伦敦:麦克米伦出版公司,1990年,第566页。

[21] W. G. 赫夫:《新加坡经济发展:四个教训与一些质疑》。

而强力的应对。20 世纪 90 年代，一个高级别委员会提出对未来的设想：将新加坡转型成为一个以先进服务业为导向、知识密集型的国际化大都市。这个城市国家的经济必须保持机敏的发展态势，依靠区域经济增长的同时，在全世界各处挖掘机遇、开创新局面。随着先进工程管理培训的进一步扩展，提升制造业的生产率并确保生产门类的多样性，对于保持竞争优势至关重要。新加坡精英的另一个想法是在旅游业、医疗保健、高等教育、金融服务、生物医学，以及最近兴起的数字和互动媒体、水资源管理技术等领域，致力于开发领先的细分市场，并为产业"集群"的繁荣创造条件。2004 年，新加坡在科技研发（R&D）上的总支出已稳步上升至国民生产总值的2.3%。新加坡的目标是，到 2010 年，将上述比例进一步提高到3%。[22] 新加坡也正在转型成为一个文化上充满生机与活力的国际化大都市。人们在这里，可以找到类似伦敦或纽约的那种兴奋和刺激，这种激动人心的感觉，足以对全球的创意人士构成强大的吸引力。风险投资机构支持新加坡当地的那些致力于开拓、革新的创业者。政府也敦促本国企业积极进取，向世界级经营者的目标奋斗。相关部门正在修订各级公立学校的课程体系，更加注重培养学生解决实际问题和拥有创造性思维的能力，帮助他们在知识经济竞争中脱颖而出。正如一本书中所写的那样："过去（新加坡人）强调严格甚至是严苛的纪律，强调坚持到底的毅力，现在则逐渐加上了勇气和激情。"[23] 在某些社会的文化中，人们通过学习，对传统的智慧和权威发起挑战。在这些社会文化内部，我们总能找到一些共同的要素，创造力、好奇心、冒险精神和雄心壮志等。而在新加坡，尽

㉒ 李显龙总理的预算演说，2006 年 2 月 17 日。

㉓ "知性之旅"丛书，《新加坡——知性之旅》（第九版），新加坡：APA 出版社，1999 年。

管以市场为基础的功利主义取向稍有松动，遗憾的是在其教育环境中，我们似乎还无法找到上述要素。

在 2020 年以前，新加坡经济的中期潜在年均增长率，预计将降低至 4.5％—5％的区间。[24] 新加坡金融管理局的经济学家们根据全要素生产率的增长速度，设计的经济增长率范围约为 4.1％—5.8％。[25] 而正如我们在本书第一章中曾经讨论过的，根据国际货币基金组织最近的一项研究，关于这个国家未来 15 年的年均经济增长率的预期，专家们达到的基本共识是约 4.5％（详见图 6.1）。[26] 我们将新加坡从 1990 年至 2003 年每年的增长率取平均值，可以得出结论，这个国家此段时期达到的实际增长率为 6.2％。如果再用发达工业化国家 2.5％的增长率作比较，那么上述 4.5％的数字，正好处于两者之间。一般预计，由于劳动力扩张放缓，再加上投资率下降，新加坡的经济增长将经历一定程度的减速。当然，这一基线预测有一个假设性的前提，即这个国家的教育水平和技术发展水平以最近 10 年所观察到的速度持续提升，且全要素生产率的增长也保持在不低于过去 43 年的平均水平。[27] 当前，新加坡政府已出台诸多举措，旨在创造更多的经济增长点，促进具有更好前景的产业集群迅速发展，例如在 2012 年之前为 15 万学生建立一个国际教育中心，以及打造数个全新的大型旅游观光项目等。再加上政府签订的各类双边自由贸易协定与全面经济合作协议等，这一切都有利于全要素生产率的提高。我们应该注意的是，上述考察的重点，都是国内

154

---

[24] 2006—2019 年，新加坡的 GDP 平均年度增长率为 4.92％。——译者注

[25] 新加坡金融管理局《2000 年季度公报》第二卷第 4 号，第 20—21 页。

[26] 高蒂·埃格逊：《中期增长展望》。

[27] 如本书第一章所论，研究估计，在 1960—2003 年，在新加坡年均 7.7％的增长率中，全要素生产率的增长贡献了 1.4 个百分点。

生产总值。假如在未来的一个中期时段内，新加坡仍旧将外部经常性账户盈余记入国内生产总值——占比约为15％甚至更高，人们可能会期望本国国民生产总值的增长速度超越国内生产总值的增长速度，因为这将使新加坡的国外资产净值的规模极速提升。

图6.1 新加坡经济未来的增长来源

单位：年均增长率％

	新加坡 （1990—2003）	预期中的新加坡 （2004—2020）	发达工业化国家 （1990—2003）
劳动力	1.8	1.4	1.0
资本	7.5	4.0	3.1
教育	1.3	1.3	0.3
国内生产总值增长 （以下各项的贡献率）	6.2	4.5	2.5
劳动力	1.2	0.9	0.6
资本	2.6	1.4	1.1
教育	0.8	0.8	0.2
全要素生产率	1.6	1.4	0.5

资料来源：高蒂·埃格逊《中期增长展望》。

一些政治学者和观察家质疑，新加坡未来的发展前景，是否会如上述预期中那样乐观。长期以来，这个国家管控和压制持不同政见者的文化氛围一直受到批评。在有些人看来，新加坡根本不够资格被当作一个开放的社会。[28] 随着经济增长从投资驱动转向创新驱动，新加坡需要一种截然不同的态度，而在国家强力控制的大环境下，此种态度一直处于萎靡

---

[28] 2006年1月11日，金融大鳄乔治·索罗斯（George Soros）评论道，新加坡不是一个开放的社会，因为针对反对派政客的诽谤罪诉讼抑制了言论自由。

不振的状态。国民的愈加富裕，越来越多的人将站出来为持不同政见者争取权力，并大声疾呼——必须通过选举、竞争和辩论获取政权。随之而来的是，社会契约可能遭到破坏。萨缪尔·亨廷顿（Samuel Huntington）认为，当年事已高的李光耀最终淡出公众生活之后，"随着腐败的萌生，政治体系将逐渐堕落、日益衰败……李光耀给新加坡带来的高效和廉洁将跟随他一起走向坟墓"。㉙ 在亨廷顿看来，历史已经证明，仁慈的独裁者终将灭亡，因为他们没有建立充分的反馈机制，也缺乏自我变革的制度体系，包括公开辩论、新闻自由、抗议运动，以及允许反对党参与的竞争性选举。只有公民社会坚持自己的主张、施加自己的控制，政府才能保持自律和守法。琴加拉·维蒂尔·德万·奈尔（CV Devan Nair）此前也曾表达过与亨廷顿同样的观点。他曾担任新加坡总统，后来却成为一名政府的严厉批评者。㉚ 德万·奈尔在 1994 年写道："人民行动党粗野的政治风格与持续的经济增长水火不相容。"然而事实是，新加坡的经济增长一直在持续。同样的，亨廷顿的观点也鲜有人公开宣扬。相反，在吴作栋总理的带领下，全国各族群团结一致，将上述惊悚的预测变成了一种自我否定式的未卜先知，这符合新加坡人的传统——任何逆境与苦难，都能被转变成进步前行的机遇。㉛ 显然，吴作栋的观点与亨廷顿和德万·奈尔截然相反：即便不须对抗外部压力，新加坡的领导人也能实现关键性的自我更新。

㉙ 萨缪尔·P. 亨廷顿：《长期的民主》，载《民主杂志》，1996 年 7 月 2 日；《商业时报》，2000 年 5 月 29 日，网络访问地址为 http://www.singapore-windo.org/sw00/000529bt.htm。

㉚ 德万·奈尔为新加坡第三任总统，后移居加拿大，2005 年去世。30 年来，他一直致力于使工会成为人民行动党发展战略的合作伙伴，取得很大成功。

㉛ 吴作栋总理的 1999 年国庆日庆典演说，新加坡：信息与艺术部，1999 年，第 53 页。转引自戴安·K. 莫齐，R. S. 米尔恩：《新加坡政治：在人民行动党的领导下》，第 186 页。

四、政治开放性

> "一个国家要发展，需要的是纪律，而非西方意义上的民主。"
>
> ——李光耀[32]

> "我们珍视我们的价值观……然而，我们却用自己文明的标准去评判其他所有国家。"
>
> ——亨利·基辛格（Henry Kissinger）[33]

有些人将新加坡描述为一个"非自由"的民主国家。正如一位政治学者所言："在经济发达的政治体中，新加坡是唯一坚持进行政府政治管控的国家，因此显得尤为突出。"[34]新加坡的精英阶层怀着骄傲的自信，他们有权根据本国所处的环境和时机，塑造本国政治制度的具体组织形式，其合法性和合理性绝不允许置疑。[35] 西方国家的那套政治制度，比如普选权，是经由数十年历程逐渐演进而来的。而新加坡的领导精英认为，已全面发展的成熟的西式民主当然是最优选择，但这种体制只能分步骤逐渐引入，而且必须伴随一个条件，即受过良好教育且已确立地位的中产阶级也在不断发展、壮大。[36] 至少从目前看来，新加坡的领导人坚信一党专政

---

[32] 李光耀，马尼拉，1992 年 11 月，转引自威廉·麦古恩：《亚洲困局》，载《国家评论》1993 年 11 月 29 日。

[33] 基辛格，转引自李光耀：《从第三世界到第一世界：新加坡的故事（1965—2000）》，序言。

[34] 加里·罗丹：《1996 年的新加坡》，载《亚洲调查》1997 年第 37 号。

[35] 马凯硕：《亚洲人会思考吗？理解中西差异》，第 48 页。

[36] 这与冈纳·缪尔达尔的观点一致（冈纳·缪尔达尔：《亚洲的戏剧：对一些国家贫困问题的研究》，第 737 页。），缪尔达尔本人对自由民主抱有依恋，并意识到很多亚洲人也强烈支持他的立场，然而，实证观察引导他得出结论：自由民主制度对发展并非必不可少。"的确，一个经济体想要发展，其政权必须符合人民的利益，并为绝大多数人心甘情愿的接受。它还应允许普遍的思想和行动自由，即使它曾压制公众的反对意见，且对完整意义上公民自由的毫不宽容。"

式的统治能给国家带来好处，这也解释了其对待反对派和新闻媒体的态度。在政府眼中，媒体和反对派政客毫不理会民众的不满情绪，甘冒财政失责的风险，其所作所为，一切都是为自己的议程、取向和利益服务。经济战略付诸实施，有赖于已遵守了数十年的集体财政纪律，它使社会从复利的威力中赚得盆满钵满。这也正是为什么，新加坡获得了令全世界侧目的成功。在政府看来，针对自己的严厉批评将破坏新加坡的内部凝聚力、扰乱社会秩序，进而损伤大众福祉，从而使国家的经济战略处于十分危险的境地，稍不留心就可能功败垂成。新加坡在走自己发展道路的过程中会面对充满诱惑的"塞壬之歌"（希腊神话中海妖诱惑船员的甜美歌声——译者注），即在复杂的政治经济现状下，国家的发展方向被局限在某一个方面，如不顾国家现实，无条件地满足国民福利的发展模式。新加坡人绝不会屈服于这种诱惑，它会坚定专注地追求自己的命运，不被次要目标分散注意力。1990—2004 年，新加坡实现了核心领导层的平稳过渡——现任总理李显龙正是李光耀的儿子，这也有助于确保政策的连续性，从而减少投资者所担忧的不确定性。㉛

尽管如此，还是有很多人拒绝接受以上的观点。1998 年诺贝尔经济学奖获得者阿马蒂亚·森（Amartya Sen）㉜坚信民主是一种"普世"价值。他呼吁道，"一个国家不必等到本国适合民主了再建立民主制度；只有先

㉛ 尽管王朝式的继承引发人们的担忧，怀疑其中是否存在任人唯亲的裙带关系行为，不过，李显龙在成为总理之前，的确拥有令人赞叹的职业资历，包括卓越不凡的军旅生涯（他曾晋升为准将）、来自国际顶尖院校的学位，以及 10 年以上的副总理工作经验。任职副总理期间，李显龙的职责涉及极其广泛的领域，比如曾担任新加坡金融管理局主席和财政部部长。

㉜ 阿马蒂亚·森，1933 年出生，印度经济学家、哲学家，在福利经济学、社会选择理论、经济与社会正义、对福利和贫穷标准的定义，以及饥荒的经济学理论等领域颇具造诣，因在福利经济学上的贡献获得 1998 年诺贝尔经济学奖，目前是哈佛大学"托马斯·W. 拉蒙特大学教授"，同时在剑桥大学三一学院任教。——译者注

建立民主制度,才能变得适合民主".[39] 之所以得出上述结论,他强调了三点原因。第一,政治参与和政治自由是人类的本性,具有与生俱来的内在重要性。任何地方、任何情况下,只要给予人们选择的权力,他们一定会选择民主。第二,印度等国的经验表明,任何国家都需要能真正发挥效力的反对派、需要充分的公民自由——包括表达不满的抗议自由和不受干涉的新闻出版自由。只有这样,政府才会对穷人的诉求作出反应——印度历史上预防饥荒的行动就是一个例子。也只有这样,政府才会肩负起金融监管的重任,为本国的财政稳定负责。第三,在一个有效的民主政治讨论场所之内,互为竞争关系的双方代表展开不受约束的交互式辩论,有助于塑造民众的价值观,并帮助他们真正了解自己的需求、权利和义务。森还指出,关于经济表现与民主制度之间的利弊权衡,实证经验并不是可靠的证据:民主国家中,既有经济表现出色的国家,如博茨瓦纳,也有经济发展纪录极其糟糕的国家;而在独裁威权政体下,新加坡成功了,很多国家却不得不咽下惨淡失败的苦果。

　　美国智库"自由之家"(Freedom House)在 2000 年的一份报告中对世界各国的民主发展状况进行分类和排序。[40] 可以看出,越富裕的国家越倾向于实行更大程度的民主,例如韩国,不过,两者在统计数据上的关系并不能有力地证明上述观点的正确。正如罗伯特·巴罗(Robert Barro)在 1997 年出版的著作中所言,民主既不会帮助经济增长,也不会阻碍经济增长。他建立了一个关于经济增长的回归模型,包含法治、自由

----

[39] 阿马蒂亚·森:《作为"普世"价值的民主》,载《民主杂志》1999 年 10 月 3 日。

[40] 一些新加坡人对本国的排名表示异议。还需指出的是,如果一国的政治制度在几年间发生了巨变,那么将美国"自由之家"某一年(2000 年)发布的民主指标与该国同一年的收入水平联系在一起比较,可能存在时间不一致的缺陷。

市场、政府消费、人力资本、国内生产总值等指标，经过分析，民主只是作为一个附加的负变量，对经济增长的影响很弱。事实上，民主对经济产生的影响并不明确。正如韦尔指出的那样，从积极的方面看，民主制度和政治自由的确会在一定程度上震慑和约束那些最糟糕的统治者们——比如政变者和独裁者，但是，民主制度同样容易引发政治动荡，会使人们局限于短期的算计，倾向于牺牲长期的经济增长，以换取下一次选举上的权宜私利。此外，出于财富再分配目的的重税政策也会滋生不利于发展的因素，而且造成效率低下，从而损害经济增长。根据巴罗的观点，从促进经济增长的角度来看，最优的民主程度大约处于回归曲线的中间位置。如果他的分析是正确的，我们就可以理解，即便实行高水平的民主会降低收入，但它是富裕国家的自愿选择，这与富人偏爱购买奢侈品是同样的道理。㊶

在新闻出版自由问题上，新加坡与西方的看法也并不完全一致。美国智库"自由之家"宣称，新加坡的新闻媒体完全没有自主权。新闻工作者要实行自我审查，否则在这个国家严厉的刑事诽谤法之下，就得冒着遭到起诉的风险。在新加坡发行的外国报刊也处于监管之下，被严格限制刊登干涉或妨碍新加坡国家政策的新闻报道。多年来，有位知名记者就此经常批评李光耀的统治，甚至将他描述为萨达姆·侯赛因（Saddam Hussein）式的独裁者。㊷

作为一个主权国家，新加坡的政府和国会由其公民选举产生的，它坚

㊶ 转引自戴维·N. 韦尔：《经济增长》，第358页；另可见罗伯特·巴罗：《经济增长的决定因素：一项跨国实证研究》，马萨诸塞州剑桥：麻省理工学院出版社，1997年。
㊷ 李光耀：《从第三世界到第一世界：新加坡的故事（1965—2000）》，第225页。

信自己有权制定本国独特的关于新闻出版的法律,即便与西方的价值观和选择偏好大相径庭也没有关系。以前,人们信奉这样一个理念:在媒体享有充分自由的地方,思想观点的市场会自动在不负责任的、错误的思想与负责任的、正确的思想之间画出一道清晰的界线,并在一个普遍接受的时间框架内奖励后者。人民行动党政府则大胆地对上述观念发起了挑战。西方认为,必须保持媒体独立、不受干涉,这有利于实现良好治理,对民众而言也是一项福音。然而,鉴于新加坡一直拥有超强的公共诚信记录,它拒绝承认媒体自由的必要性。如果政府认为某些新闻报道是错误的、扭曲事实的,那么它坚持有权为自己辩护——将自己的答复白纸黑字地公之于众。长期以来,新加坡的领导精英一直认为,媒体大亨们为了获取商业利益,试图通过表达自己的观点影响读者——新加坡的选民——的感情和理智,进而影响新加坡国内政治。新加坡的领导人担心,如果放任新闻媒体不受约束,他们可能会以耸人听闻的方式,长篇累牍地报道某些族群或宗教事件,煽动民众情绪,从而引发国家内乱。在这里,是否要对选民的感情和理智施加强大的影响,正是争论的焦点。用李光耀的话来说:"在新加坡这样一个年轻的国家,我需要利用媒体来加强——而不是削弱——民众的文化价值观和社会态度。新加坡作为一个国家的整体需要高于一切,新闻出版自由必须服从于此;民选政府的意志处于优先地位,新闻出版自由也必须服从于此。"新加坡不允许媒体发表对抗性的言论,记者、编辑们可以报道的主题范围十分狭窄,不过,这并不妨碍高质量辩论的发生。事实上,在这个国家的确出现过几次火花四溅、酣畅淋漓的论战。此外,新加坡政府坚信,必须对错误的新闻报道发起挑战,即使闹上法庭也在所不惜,否则选民就会收回对政府的信任,政府对选民的影响

160
第六章　新加坡:历史、未来以及他国可能学到什么

· 187 ·

力也就失去了基础。㊸ 领导人必须坚决、果断，否则只能黯然退场，接受被淘汰的命运。㊹ 尽管如此，正如李光耀所意识到的："随着互联网的兴起……我们现在不能、也不该阻挠来自外部的声音进入新加坡。但是，在一些重大问题上，必须保证民众充分了解政府的观点。"

五、前进道路上的挑战

长期以来，新加坡政府好像时刻不停地在对远方的地平线进行巡视，寻找可能扰乱本国经济增长、威胁本国社会稳定的新的云团。在这样一个急速全球化的世界，新加坡必然会遭遇一个又一个强大的竞争对手。然而，通过政府与时俱进的经济计划、发展战略和预算方案，所有的挑战都将在一个不断演进的基础上得到解决。中国和印度自然是新加坡政府必须重点应对的对手。正是两国在某些领域的压倒性优势，迫使新加坡多次调整和重组经济结构，以保持国内充分就业。不过，中国和印度的崛起对新加坡也有积极的影响。众所周知，这个国家的经济严重依赖美国，而中印两国生机勃勃的经济发展却使新加坡人看到了减少对美依赖的可能性，虽然要使这种可能性变成现实必须假以时日。新加坡还有一个雄

㊸ 一些人批评新加坡的法院只具有某种程度上的独立自主权，因为其在解释国会颁行的法律时存在高度的形式主义弊端。

㊹ 利弗观察到，新加坡已毅然决定，本国的未来必须掌控在本国人手中，这意味着一种"绝不退缩"的心态（包括在国际事务上和国内事务上）。为此，新加坡将避免暴露任何弱点，并且抓住一切机会展现政治决心。转引自迈克尔·利弗：《新加坡的外交政策：应对脆弱性》，第8—9页。拉惹勒南在评论上述观点的细微差别时说，根据他的观察："吴（作栋）柔韧性十足，不过是钢的柔韧性……而李光耀是钛，无比坚硬。任何试图撞击钛的人都将落得头破血流的下场。"转引自胡辛·穆塔里布：《新加坡非自由民主与反对派的未来》，载《第三世界季刊》第21卷第2号，2000年，第322页。

心勃勃的计划,在 2020 年之前打造一个经济联盟,进而利用本国的地理位置优势,在中印之间搭建协调、合作的桥梁。其实历史上,东南亚地区就曾扮演过类似的角色,这也是新加坡地缘政治战略的重要组成部分。目前,东南亚国家联盟正在上述既定轨道上,朝着新加坡设定的宏伟目标平稳前进。

新加坡还必须应对另一个迫在眉睫的挑战——保持自身开放、包容社会的特性。人民是这个国家的宝贵资源。人民的福祉是政府一切政策的终极目标。那么,谁将在这片土地上工作、生活,繁衍、生息?对国家的离心力将对未来的劳动力与人口的规模及构成造成极大的影响。新加坡的妇女拥有极富吸引力的职业选择,婴儿出生率因此持续下降。新加坡优秀的年轻人拥有去世界舞台上一展才华的选择,事实上很多人也因此移居国外了。这个国家已达到最优的人口规模——600 万人左右。对于正处于劳动年龄的外国人来说,新加坡是个不错的移民目的国,因为它有能力提供诱人的生活条件,可在竞争激烈的国际市场上招揽人才。据估计,新加坡的外国劳动力占比已超过 30%,未来还将进一步上升。政府之所以建立超大规模的生物医学研发中心——启奥生物医药园,目的就是将成千上万的聪明头脑汇聚在此。新加坡会一直成为一个繁荣的世界城市吗?它仅为短暂停留的外国精英,还是只对本国居民服务?其实,使以上所有人愿意将新加坡作为终身的居留之地,这才是赋予新加坡身份与灵魂的关键所在。

在新加坡,还潜藏着一个可能产生冲突的领域。一些年纪较大的非熟练工人发现自己在就业市场内面临的困难越来越大,然后,他们将找不到满意工作的原因归咎于外籍劳工的不断涌入。在这个国家,高收入精英处于社会上层，他们享受着光鲜、高调的生活方式。而在社会底层，却有一批人在苦苦挣扎。虽然新加坡政府决心施与援手，防止他们陷入永久性的贫困状态无法翻身，但不得不承认，上述两个阶层之间的收入差距还是在日益拉大。另外，如果新加坡的少数族裔认为出于各种原因，自己获得的经济机会减少了，那么族群问题也可能浮出水面。比如，随着中国的崛起，新加坡越来越重视对华关系。对少数族裔来说，不能熟练使用华语就成为一个越来越明显的劣势，在就业等方面造成很大的障碍。伊斯兰学校一直将积极推进穆斯林学习视为一项引以为傲的传统。马来裔穆斯林族群占新加坡人口的 15％，他们的年轻一代被吸引进入伊斯兰学校就读。然而，当这些年轻人进入竞争激烈的就业市场，可能才会发现，之前学习的古兰经释义和阿拉伯语对找一份好工作毫无用处。从 2015 年起，除非发生移民大量涌入，或者出生率下降的趋势得到逆转，新加坡人口将不可避免地进入急速老龄化的进程。正如政府强调的，若想保持国家的领先地位，全体国民必须团结一致，不让那些弱势公民掉队。

政治环境是新加坡面对的另一个挑战。统计数据显示，新加坡是个例外。在一些研究机构绘制的经济统计散点图中，拥有较高人均收入水平的新加坡总是孤零零地占据在一个令人意想不到的角落。正如一位观察家所言："表面上看，新加坡的经济发展模式一点也不像是由国家主导的；尽管这个国家的国民拥有世界一流的财富水准、享受世界一流的教育服务，但其政治却是非民主的，这简直难以置信。"⑤一方面，新加坡政府对来自世界各地的思想和观点敞开胸怀，另一方面，又极度厌恶民众中间

---

⑤ 萨姆·威尔金：《如何保持新加坡奇迹》，载《国家风险述评》2004 年 8 月 17 日，网络访问地址为 http://www.countryrisk.com/editorials/archives/2004_08_17.html。

的持不同意见者。两种截然相反的态度在这个国家并存。每当遭遇对自身权力的挑战，人民行动党的反应一贯都是强烈抵制、猛烈反击，这样的特质可以追述至其早期为生存而战的年代。尽管如此，随着新加坡国民的富裕程度越来越高，再加上越来越普遍的顶尖教育和海外留学的经历，他们的自信心越来越强，于是，人们日益希望在更开放的政治环境中发表自己的观点。即便他们可能并不打算闯入政党政治的角斗场，但是，关于如何组织集体生活，他们还是想表明自己的态度。越来越多的新加坡人坚信，虽然自己选择与政府站在同一阵营之内，但提出反对意见的空间和机会是不能被夺去的。老一辈人建成了一座宏伟华丽的家园，年轻一代想把这座家园重新装修一番。否则，摆在新加坡青年面前的就只剩下了两条路：要么依靠自己的力量独立闯出一条新路，要么不知不觉地陷入消费主义或恬淡冷漠的泥潭。

　　人民行动党政府清楚地意识到，随着本党政权所遭遇的威胁逐渐解除，新加坡的社会政治必须进行更大程度的开放。李显龙就任副总理时曾说道："将一个生机勃勃的公民社会与一个强劲有力的政府结合起来，这很不容易实现。一旦争论的焦点在于政治，其范围……就十分宽泛……而且不存在任何主题上的禁忌……但是如果它就政府统治的合理性和合法性展开攻击……那就不得不阐明一个更广阔意义上的问题。"⑩对人民行动党来说，真正的挑战似乎在于以下几点：如何在不表现出软弱与屈服于对抗的前提下，放宽一些政治界线，放松一些政治约束？如何在不出现任何动荡失序风险的前提下，与公民社会建立更加相互信任的关

163

---

⑩《海峡时报周刊》，2000 年 1 月 17 日，转引自戴安·K. 莫齐、R. S. 米尔恩：《新加坡政治：在人民行动党的领导下》，第 167 页。

系？如何在不释放出新加坡体制即将走向终结的信号的前提下，在一个更加多元化的政治环境中发出自己的声音？

在现代社会，价值观的分歧是合理、正当的。人们在各自人生不同阶段的偏好自然不同：有的人倾向于享受高储蓄带来的安全感，另一些人则选择活在当下，倾囊消费。政府制定政策的核心问题——包括未来储蓄和投资的方向、外部经济所扮演的角色、政府关联公司股份转让的步骤与速度、针对外来移民的战略等，都是政治讨论所涉及的合理问题，需要充分权衡利弊、妥善解决。出于实现政治稳定和经济增长的目的，国家是否必须在社会生活的诸多方面长期保持如此之高的存在感？在类似这一问题的争论中，新加坡的年轻一代可能会对以下这一点产生浓厚的兴趣，即老一辈的领导人是如何在不放大迫在眉睫的风险下，沉着冷静地将过去几十年来积累的经验教训转变为 21 世纪现实政治的智慧。倘若亚洲的其他经济体表现出色，并且通过实行更深广的民众政治参与，来克服本国族群和宗教派别之间的裂痕所造成的弱点，上述问题就显得愈发重要。选民结构日益成为一个更加复杂的复合体，政府也必须随之改变。在新加坡，即便拒绝采纳他国信奉的准则，其自身的价值观和政治实践也不可能永远保持一成不变。事实上，在诸如对逃避服兵役者的处罚、赌场的开设和运营、全国肾脏基金会等慈善机构的公司治理等问题上，公开辩论已经爆发，虽然并未激化到对位高权重者进行人身攻击的程度，也尚未有人质疑后者在政治上的能力、权限、诚信和廉洁。⑰ 用内阁部长维文（Vivian

---

⑰ 新加坡全国肾脏基金会（National Kidney Foundation，NKF）是一个慈善性质的"公益机构"，其首席执行官却享有高薪，再加上过分庞大的开支以及董事会对高管的道德行为监管不力，导致 2006 年初丑闻的爆发，严重损害了新加坡国有企业治理的声誉。

164

Balakrishnan)博士的话来说,在政治自由问题上,新加坡的立场是"谨慎的激进派",而非"意识形态上的革命派"。[48]

　　要提升公共话语的品质,必须确保民众能够获取足够可靠的信息。近年来,新加坡政府对外发布的有价值的信息越来越多。2004年10月,淡马锡控股有史以来第一次公布年度报告。公众有权检查公司业务,此类提升透明度的做法得到社会各界的欢迎。[49] 未来很可能会有越来越多的人表达越来越强烈的诉求,敦促政府公开披露国家事务——包括宏观财政的运行状况。在政府资产负债表相关交易、公共投资的收益(包括与政府关联公司的经营所得)、符合国际会计准则的公共部门合并报表等事务上,更高的透明度无疑将增强民众对新加坡经济的认知和理解。[50] 在竞争日趋激烈的国际环境之下,与民众分享更多的信息,并不会像之前人们所想的那样,将危及政府关联公司的战略利益。与此同时,那些可能影响市场决策的敏感数据并不存在泄露的风险,更不会因为需要满足庞大的数据请求而加重行政部门的负担。披露更多信息可能有利于政府关联公司在海外的经营,并令投资者们确信,公司财务绩效出色且运行稳健,

---

[48] 《海峡时报》,2006年1月13日。

[49] 与其几个主要的子公司不同,淡马锡控股本身并未在新加坡证券交易所上市,因此也不必向外界公布财务账目。请见约翰·波顿(John Burton)"淡马锡为自己设置高标准",《金融时报》,2004年10月14日;另可见,淡马锡最近的访谈,网络访问地址为 http://www. temasek-holdings. com. sg/2005review。

[50] "新加坡政府投资公司"(the Goverment of Singapore Investment Corporation, GIC)是新加坡最大的投资公司。它通过投资海外股票、固定收益产品、货币市场工具,以及房地产项目来管理新加坡的资产。据报道,新加坡政府投资公司管理的资产已增长至超过1 000亿美元,不过,其投资细节尚未公开(国际货币基金组织:《新加坡——金融系统稳定性评估》,国际货币基金组织国别报告第04/104号,2004年,第36页,网络访问地址为 http://www. imf. org/external/pubs/ft/scr/2004/cr04/04. pdf)。新加坡政府投资公司名下大约十分之一的资产,由"新加坡政府产业投资有限公司"管理,后者是全球十大房地产投资公司之一。尽管新加坡政府投资公司完全归属财政部所有,且不受公司披露法的约束,但它还是作为一家私营公司组织和运作的。

淡马锡控股公布报告之后的形势演变就是一个最好的例子。随着国际收支和政府预算（综合测算）盈余的持续积累，风险也在不断上升。这些公共资金离不开普通民众的辛苦积蓄。负责管理这笔资金的精英充分意识到，自己肩膀上担负的责任是多么沉重。我们没有理由怀疑，他们正尽最大努力，扮演真正合格的受托人角色。尽管如此，民众信任他们的业务能力和道德操守，再加上充分的内部监察和制衡，也并不意味着就可以排除公众的监督。随着民众的政治参与经验越来越丰富，在包括财政、金融等问题上，加大信息披露力度都将有助于更多的政府部门就经济政策的方向问题展开更加有理有据的讨论。这与企业财务管理的发展趋势是一致的。包括在新加坡，信息披露有效增强了监管体制的力度，并提高了问责制度的实施效果。

新加坡的宏观金融政策以及总体的发展模式强劲有力，且具有惊人的一致性和连贯性。政府对主要的施政措施充满信心，并具有充分的能力应对冲击和挑战。高储蓄对国家发展大有裨益。即便对其全部规模和构成细节都进行会计信息披露，也不会削弱民众对本国财政保守主义的支持。[51] 与储蓄率的快速上升相对应的，是个人消费在国内生产总值中所占比重的稳步下降：从 1966 年的 77％ 降至 1999 年的 40％，这也反映出投资和净出口在支出总额中日益增长的重要性。[52] 身处全球发达国家

---

[51] 这一断言与新加坡经济发展战略的首任总设计师吴庆瑞的观点并不相符。1965 年，吴庆瑞曾表示，鉴于经济增长需要人民做出许多奉献与牺牲，因此，即使国家保证给予他们长期繁荣作为回报，民众中的大多数也绝不会愿意经历这一痛苦的过程。资料来源：《海峡时报》，1965 年 7 月 26 日，转引自胡辛·穆塔里布：《新加坡非自由民主与反对派的未来》，载《第三世界季刊》第 21 卷第 2 号，第 317 页。

[52] G. 皮布尔斯、P. 威尔逊：《新加坡经济增长与发展：历史和未来》，第 78 页。从 2004 至 2005 年，新加坡个人消费率上升至 43％。这一概念需要谨慎解释，因为在国民收入统计中的"私营"部门包括公营公司。

阵营中,这样的消费率无疑是最低的。在新加坡民众看来,只要"蛋糕"做大的速度足够快,能确保劳动者所获得的绝对份额能够继续增加,那么即便消费在国内生产总值中所占的比重缩水,也是可以接受的状态。事实证明,新加坡人的预期是准确的:每个新加坡劳动力的实际消费总额(以1990 年的新加坡元价值计算)从 1967 年的 10 000 新加坡元上升到了1997 年的 26 400 新加坡元,年均复合增长率为 3.3%。[53] 其实,新加坡经济潜藏着许多脆弱的方面和不确定性,比如制造业跨国公司的业务向更低成本的国家转移的风险、地区政治动荡和安全威胁、全球经济衰退和大规模传染病的流行[54],以及更长远看气候变化导致的海平面上升,等等,鉴于此,这个国家的大多数人可能会赞同,本国实行审慎、稳健的财政政策是合情合理的。可以说,当今许多国家都处于未来人口老龄化和结构性失业造成的威胁之下,而相较许多发达社会,明智的政策使新加坡具有更强的应对能力。

外界很多人都在饶有兴趣地关注新加坡下一步的发展走向。当我们展望未来时,当前(2006 年)的情况是一个初始的条件,任何前瞻性的行动都必须从现在的状态出发。再接下来的 15 年里,新加坡将何去何从?政府可能会完善现有模式,即由精英化的技术官员领导整个社会。在自身权力所及的一切领域,新加坡政府都会尽最大努力维持经济繁荣,并在此过程中保持本国的吸引力——在确保国家经济财富稳步增长所需和关于国家身份认同及本真性的长期考量之间,寻求微妙的平衡。新加坡人

---

[53] W. G. 赫夫:《新加坡经济发展:四个教训与一些质疑》,载《牛津发展研究》1999 年第 27(1)期,第 4 页。如果以 1970 年至 2004 年的数据重新计算,这个增长率将下降至年均 2.8%。

[54] 新型冠状病毒疫情在 2020 年全球大流行。据新加坡卫生部 6 月 13 日宣布,截至当天 12 时,新加坡新增新冠确诊病例 347 例,累计确诊 40 197 例。——译者注

似乎早已准备好了精良的武器装备，自信满满地走上战场，去应对未来的挑战，而坚实的价值观基础和卓越的经济发展纪录正是他们自信的来源。琳达·洛认为："新加坡人脚踏实地、讲求实效。他们绝不会放任人民行动党的努力和成就付诸东流。"[55]一个身处现代社会、受过良好教育的、成熟的选民却甘愿墨守成规，选择遵从前人的道路。这真令人惊叹，但事实确实如此。除非突然出现极端严重的衰退或不可抗力造成的灾难，对新加坡未来经济发展的预测是，将延续现在的发展势头，或者在下述情形下比现在做得更好：年均约 5％ 的可持续经济增长率、保持进一步的高质量的发展、扩大公民参与的方式与领域。

167
六、他国可能学到什么？

有的朋友很心急，问我能否用一句话概括本书。当然可以！通过一系列明智的战略，新加坡成功地驱动了经济的繁荣。尽管用一句话就表达了本书的主旨，我还是希望，各国读者在考虑本国具体国情的同时，也能从阅读本书的过程中找到有助于自己国家发展的见解。正如伍德罗·威尔逊（Woodrow Wilson）[56]曾对他的美国同胞们所说的："作为一个国家，我们永远不可能通过自己跟自己比较，来知悉我们的缺点或学习我们的优点。"只有对其他文明加以研究之后，"我们学会了吃米饭，但却不用筷子来吃"。[57]

---

[55] 琳达·洛：《一个城市国家的政治经济学：政府制造的新加坡》，第 271 页。

[56] 伍德罗·威尔逊，1856—1924 年，美国政治家、律师、学者，作为民主党的一员，1913—1921 年担任美国第 28 任总统。——译者注

[57] 伍德罗·威尔逊：《行政学研究》，载《政治科学季刊》第 2 卷第 1 号，1887 年 6 月，网络访问地址为 http://teachingameriacanhistory.org/library/index.asp? document=465。

本书的关键论题出自新加坡的故事。这些话题包括：在建设一流的公共基础设施的过程中，储蓄所发挥的作用；劳动力参与率的提升和外来移民人口的增加提供进一步增长的潜力；经济发展在各项国家发展目标中的核心位置及重要性；广泛地分享增长成果的机会，通过改善医疗和教育水平提高民众的生产力；由灵活的薪资政策所提供的宏观经济的弹性与创造就业的潜力；称职、高效的公务行政部门以及廉洁、诚信的政府；在经济高速增长的繁荣时期，执行严格的财政纪律，留出充分的盈余；与跨国公司和工会建立合作双赢的关系；维护族群和谐；以讲求实效的方式向他国学习；法治；精心设计的政策；等等。本书开发了一套分析经济增长体系的模型——从经济增长的成果及其直接的促发动因，到初始条件、政策、制度及其执行的政治经济学。我相信，当任何人需要分析其他国家的经济增长历程时，这套模型也可提供一个行之有效的框架，而新加坡在其中扮演的角色，将是一个用于检查与比较的基准。至此，本书的内容已接近尾声。关于新加坡的发展经验对他国的启示，我还想在最后强调以下三点。

首先，新加坡采取的是一种综合一体的、协调式的发展方式。产出、政策、制度、社会文化价值观，以及执行过程中的政治动力被完美地整合于一体，彼此互动，相互强化。在各个领域之内——包括财政货币、教育、医疗卫生、交通、住房、金融、薪资、立法与司法、劳动力市场，以及维持政治上的稳定性和合法性，等等，新加坡政府都致力于实施上述全面的复合型战略。结果，他们打造了一个错综复杂的网络，环环相扣，产生巨大的合力作用、发挥强劲的功效。

168

其次，要将政策的基本原则或实施政策的核心能力（如稳定的货币与积极负责、反应迅速的政府），与其在某些特定国家的具体应用区分开来。每个经济体，都必须遵循其自身特殊的发展路径。良好的制度可以采取多种截然不同的表现形式。每个国家都必须做到量体裁衣——根据本国的地理环境和历史条件，确定政策和制度的细节特性，与此同时，还要保证遵循一些一般性原则，因为很多国家的长期经历足以证明这些原则的强劲有效。尽管如此，新加坡的发展经验表明，想要稳步前进、取得成功，就必须在几十年内始终如一，采取协调一致的步骤。在这一点上，并没有弹性变通的余地。

最后，领导力是有效治理的必要条件。很多人已意识到，制度对于经济发展至关重要。无奈的是，自己的祖国深受根深蒂固的历史偏见的影响，哪怕一点点变革都举步维艰。这的确是事实。即便如此，我们也不要过度悲观。第一章中的图 1.1 显示，在过去 40 年间，若干国家的经济增长率呈现为负数。它们似乎根本无力将促进增长的政策和制度付诸实施。不得不说，这种情况的确令人沮丧。尽管如此，一方面，我们不能轻视这些国家发展所面临的障碍，但另一方面，我们也没有必要因此就丧失信心、失去动力。还是在过去 40 年间，很多国家的内部制度都发生了巨变——而且是向好的方面的巨变。向成功案例学习、彼此分享观点和经验是可能的，且现实中它们确实也做到了。新加坡之所以获得成功，因为其领导阶层既勤勉又务实，一切从本国的国情出发，具有极高的政治智慧。与此同时，他们决心实现全民共享的繁荣，不达目的誓不罢休，以一颗赤诚之心，努力实现廉洁为政、诚信为民。

以高远的眼界和坚毅的勇气领导国家,是能够实现的。而这样的领导方式,将给国家带来不可估量的福祉和利益。这就是新加坡的终极经验。

参考文献

Acemoglu, Daron, Simon Johnson, and James A. Robinson (2004). "Institutions as the Fundamental Cause of Long-Run Growth," in Philippe Aghion and Steven Durlauf, (eds.), *Handbook of Economic Growth*. Amsterdam: North Holland.

Asher, Mukul (2002). "Reforming Singapore's Tax System for the twenty-first century," in Koh Ai Tee et al. (eds.), *Singapore Economy in the 21st Century: Issues and Strategies*. Singapore: McGraw-Hill Education.

Asher, Mukul (2004). "Retirement Financing Dilemmas: Experience of Singapore," *Economic and Political Weekly*, Vol. XXXIX, No. 21, pp. 2114–20.

Austin, Ian Patrick (2004). *Goh Keng Swee and Southeast Asian Governance*. Singapore: Marshall Cavendish Academic.

Barr, Michael D. (2000), *Lee Kuan Yew: The Beliefs behind the Man*. Washington, DC: Georgetown University Press.

Barro, Robert (1997). *Determinants of Economic Growth: A Cross-Country Empirical Study*. Cambridge, MA: MIT Press.

Bercuson, Kenneth (ed.) (1995). "Singapore: A Case Study in Rapid Development," IMF Occasional Paper No. 119. Washington, DC: International Monetary Fund.

Cardarelli, Roberto (2000), "Singapore's Central Provident Fund: Options for a Comprehensive Reform," *Singapore: Selected Issues*, IMF Staff Country Report No. 00/83, Washington, DC: International Monetary Fund, pp. 53–67.

Chee Soon Juan (2001). *Your Future, My Faith, Our Freedom: A Democratic Blueprint for Singapore*. Singapore: Open Singapore Centre.

Chew, Melanie (1996). *Leaders of Singapore*. Singapore: Resource Press.

Chin, Anthony T.H. (2002). "Urban Growth and a Sustainable Environment: Land transportation initiatives and traffic congestion," in Koh Ai Tee et al. (eds.), *Singapore Economy in the 21st Century: Issues and Strategies*. Singapore: McGraw-Hill Education.

Department of Statistics, Singapore, at http://www.singstat.gov.sg.

Eggertsson, Gauti, "Medium-Term Growth Prospects," in IMF (2004), *Singapore: Selected Issues*, IMF Staff Country Report No. 04/103. Washington, DC: International Monetary Fund, pp. 5–14.

Freedom House (2005). Freedom of the Press 2004, at http://www.freedomhouse.org/research.

Gayle, Dennis John (1988). "Singaporean market socialism: Some implications for development theory," *International Journal of Social Economics*, 15 (7).

George, Cherian (2000). *Singapore: The Air-Conditioned Nation—Essays on the Politics of Comfort and Control, 1990–2000*. Singapore: Landmark Books.

Ghesquiere, Rik (1976). *Tussen Eden en Utopia—Ontwikkeling in Zuid-oost Azie*. Leuven: Davidsfonds.

Goh Keng Swee (1976). "A socialist economy that works," in C.V. Devan Nair (ed.), *Socialism that Works: The Singapore Way*. Singapore, Kuala Lumpur, Hong Kong: Federal Publications.

Hausmann, Ricardo, Dani Rodrik, and Andres Velasco (2004). "Growth Diagnostics," John F. Kennedy School of Government, Harvard University, at http://ksghome.harvard.edu/~drodrik/barcelonasep20.pdf.

Heritage Foundation (2006). "Index of Economic Freedom," at http://www.heritage.org/research/features/index.

Heston, Alan, Robert Summers, and Bettina Aten (2002). *Penn World Table Version 6.1*. Center for International Comparisons at the University of Pennsylvania (October).

Hsieh Chang-Tai (2002). "What Explains the Industrial Revolution in East Asia? Evidence from the Factor Markets," *American Economic Review*, June, pp. 502–26.

Huff, W.G. (1999). "Singapore's Economic Development: Four Lessons and Some Doubts." *Oxford Development Studies*, Vol. 27(1): pp. 33–55.

Hui Weng Tat (2002). *Foreign manpower policy in Singapore*, in Koh Ai Tee et al. (eds.), *Singapore Economy in the 21st Century: Issues and Strategies*. Singapore: McGraw-Hill Education.

Hu, Richard, Parliamentary Debates, Singapore, Vol. 70, No. 18 (August 17, 1999) cols. 2018–31.

Huntington, Samuel P. (1996). "Democracy for the Long Haul," *Journal of Democracy* 7.2 (1996), pp. 3–13.

Husain, Ishrat (1999). *Pakistan: The Economy of an Elitist State*. Karachi: Oxford University Press.

Insight Guides (2000). *Singapore—Insight Guide*, ninth edition. Singapore: Apa Productions GmbH & Co. Verlag KG.

Institute for Management Development (2001). *World Competitiveness Yearbook, 2001*, at http://www.imdo./ch/wcy.

International Monetary Fund. *International Financial Statistics*, various issues. Washington, DC: International Monetary Fund.

International Monetary Fund (2004). *Singapore—Financial System Stability Assessment*. IMF Country Report No 04/104, at http://www.imf.org/external/pubs/ft/scr/2004/cr04/04.pdf.

International Monetary Fund (2005), *Singapore—Staff Report for the 2004 Article IV Consultation*. Washington, DC: International Monetary Fund, at http://www.imf.org/external/pubs/ft/scr/2005/cr05141.pdf.

Jang, Byung K., and Shinichi Nakabayashi (2005). "Some Issues in Medium-Term Fiscal Policy," in *Singapore—Selected Issues*, IMF Country Report 05/140. Washington, DC: International Monetary Fund (April).

Kaufmann, Daniel, Aart Kraay, and Pablo Zoido-Lobatón (2002). "Governance Matters II—Updated Indicators for 2000–01." Mimeo, World Bank.

Keynes, John Maynard (1930). "Economic Possibilities for Our Grandchildren," Repr. in *The Collected Writings of John Maynard Keynes*, Vol. 9, Essays in Persuasion. London: Macmillan (1972).

Kim S.P. (1992). "Singapore in 1991," *Asian Survey*, Vol. 32, pp. 119–25.

Koh, Winston (2005). "Singapore's Economic Growth Experience," in *The Economic Prospects of Singapore*. Singapore: Addison-Wesley.

Krugman, Paul (1994). "The Myth of Asia's Miracle." *Foreign Affairs*, Vol. 73, November-December, pp. 62–78.

Land Transport Authority, Singapore (2004). *Singapore Land Transport Statistics in brief*, at http://www.lta.gov.sg/corp_info/doc/Statistic%20.

Landes, David S. (1999). *The Wealth and Poverty of Nations*. New York: W.W. Norton & Company.

Lee Hsien Loong (1998). "Singapore of the Future" in Arun Mahizhnan and Lee Tsao Yuan (eds.), *Singapore: Re-Engineering Success*. Singapore: Institute of Policy Studies and Oxford University Press.

Lee Kuan Yew (1998). *The Singapore Story: Memoirs of Lee Kuan Yew*. Singapore: Singapore Press Holdings.

Lee Kuan Yew (2000). *From Third World to First: The Singapore Story 1965–2000*. Singapore: Singapore Press Holdings.

Leifer, Michael (2000). *Singapore's Foreign Policy: Coping with Vulnerability*. London: Routledge.

Lian D. (2000). *Singapore: Singapore Inc—New Economy Patron or Old Economy Saint?* at http://www.morganstanley.com/GEFdata/digests/20000605-mon.html#anchor5.

Lim Chong Yah (1996). *Economic Policy Management in Singapore*. Singapore: Addison-Wesley.

Lim Chong Yah (1998). "The national wages council: Targets and goals," in Lim Chong Yah and Rosalind Chew (eds.). *Wages and Wages Policies: Tripartism in Singapore*. Singapore: World Scientific Publishing Co. Pte. Ltd.

Lim Chong Yah (2004). *Southeast Asia: The Long Road Ahead*, second edition. Singapore: World Scientific Publishing Co. Pte. Ltd.

Lim Chong Yah and Associates (1988). *Policy Options for the Singapore Economy*. Singapore: McGraw-Hill Book Co.

Lingle, C. (1996). *Singapore's Authoritarian Capitalism: Asian Values, Free Market Illusions, and Political Dependency*. Barcelona and Fairfax: Ediciones Sirocco and the Locke Institute.

Low, Linda (1998). *The Political Economy of a City-State: Government-made Singapore*. Singapore: Oxford University Press.

Mauzy, Diane K. and R.S. Milne (2002). *Singapore Politics: Under the People's Action Party*. London: Routledge.

Mahbubani, Kishore (2002). *Can Asians think? Understanding the Divide between East and West*. Singapore: Random House Inc.

McGurn, William (1993). Asian Dilemmas, in *National Review*, November 29.

Ministry of Trade and Industry, Singapore (1991). *The Strategic Economic Plan: Toward a Developed Nation*. Singapore: Economic Planning Committee, Ministry of Trade and Industry.

Monetary Authority of Singapore (2000), *Quarterly Bulletin*, Vol. II, No. 4. Singapore: Monetary Authority of Singapore, Economics Department (December).

Monetary Authority of Singapore (2003), *Monetary Policy Operations in Singapore*. Singapore: Monetary Authority of Singapore, at http://www.sgs.gov.sg/publications/download/SGPMonetaryPolicyOperations.pdf.

Monetary Authority of Singapore (2004). "Singapore's Balance of Payments, 1965 to 2003: An Analysis," Occasional Paper No. 33. Singapore: Monetary Authority of Singapore, Economics Department.

Montesquieu, Charles de Secondat, Baron de (1758). *L'Esprit des Lois*, Translated into English by Thomas Nugent (1914) as *The Spirit of Laws*, at http://www.constitution.org/cm/sol.htm.

Mukhopadhaya, Pundarik and Bhanoji Rao (2002). "Income Inequality," in Koh Ai Tee et al. (eds.), *Singapore Economy in the 21st Century: Issues and Strategies*. Singapore: McGraw-Hill Education.

Mutalib, Husin (2000). "Illiberal Democracy and the Future of Opposition in Singapore," *Third World Quarterly*, Vol. 21, No. 2, pp. 313–42.

Myrdal, Gunnar (1968). *Asian Drama: An Inquiry into the Poverty of Nations*. London: Penguin Books.

Nair, C.V. Devan (1994). "Foreword," in Francis T. Seow, *To Catch a Tartar: A Dissident in Lee Kuan Yew's Prison*. Yale Southeast Asia Studies Monograph No. 42. New Haven: Yale Center for International and Area Studies.

North, Douglas C. (1990). *Institutions, Institutional Change and Economic Performance*. New York: Cambridge University Press.

North, Douglas C. (1991). "Institutions," *Journal of Economic Perspectives* 5(1): pp. 97–112.

Parrado, Eric (2004). "Singapore's Unique Monetary Policy: How Does It Work?" IMF Working Paper 04/10. Washington DC: International Monetary Fund.

Peebles, G. and P. Wilson (1996). *The Singapore Economy*, Cheltenham: Edward Elgar.

Peebles, G. and P. Wilson (2002). *Economic Growth and Development in Singapore: Past and Future*. Cheltenham, UK; Northampton, MA: Edward Elgar.

Peebles, G. and P. Wilson (2004). "The Economic Vulnerability and Resilience of Small Island States: The Case of Singapore," Chapter 11 in Lino Briguglio and Kisanga, Eliawony: *Economic Vulnerability and Resilience of Small States*. Malta: Formatek Ltd.

Porter, Michael E. (1990). *The Competitive Advantage of Nations*. London: Macmillan.

Quah, Jon S.T. (1998). "Singapore's model of development. Is it transferable?" in Rowen, H.S. (ed.). *Beyond East Asian Growth: The political and social foundations of prosperity*. London: Routledge, pp. 105–25.

Ramirez, Carlos D. and Ling Hui Tan (2004). "Singapore Inc. versus the Private Sector: Are Government-Linked Companies Different?" IMF Staff Papers, Vol. 51, No. 3, pp. 510–28.

Rodan, Gary (1997). "Singapore in 1996," *Asian Survey*, 37, pp. 175–80.

Rodrik, Dani (2004). "Growth Strategies," Mimeo, at http://ksghome.harvard. edu/~drodrik/GrowthStrategies.pdf.

Rodrik, Dani, Arvind Subramanian, and Francesco Trebbi (2002). "Institutions Rule: The Primacy of Institutions over Integration and Geography in Economic Development," IMF Working Paper 02/189. Washington, DC: International Monetary Fund.

Rodrik, Dani and Arvind Subramanian (2003). "The Primacy of Institutions," *Finance and Development* 40 (2): pp. 31–4.

Sachs, Jeffrey (2005). *The End of Poverty: Economic Possibilities for Our Time*. New York: Penguin Group.

Schein, Edgar H. (1996). *Strategic Pragmatism: The Culture of Singapore's Economic Development Board*. Cambridge, Mass.: MIT Press.

Schumpeter, Joseph A. (1947). *Capitalism, Socialism and Democracy*, second edition. New York: Harper.

Seah Chee Meow (1999). "The administrative state: quo vadis?" in Linda Low (ed.), *Singapore: Towards a Developed Status*. Oxford: Oxford University Press.

Sen, Amartya (1999). "Democracy as universal value," *Journal of Democracy* 10.3 (1999), pp. 3–17, at http://muse.jhu.edu/demo/jod/10.3sen.html.

Smith, Adam (1776). *An Inquiry into the Nature and Causes of the Wealth of Nations*, at http://www.econlib.org/library/Smith/smWN.html.

Tay, Richard S. (1996). "Alleviating traffic congestion in Singapore: A review of demand management," in Lim Chong Yah, *Economic Policy Management in Singapore*. Singapore: Addison-Wesley.

Tan Ling Hui (2003). "Rationing Rules and Outcomes: The Experience of Singapore's Vehicle Quota System," in IMF Staff Papers, Vol. 50, No. 3, pp. 436–57, at http://www.imf.org/external/pubs/ft/staffp/2003/03/pdf/ tan.pdf.

Tanzi, Vito (1998). *Corruption around the World: Causes, Consequences, Scope, and Cures*, International Monetary Fund working paper, WP/98/63.

Then Yee Thoong. "The National Wages Council and the wage system in Singapore," in Lim Chong Yah et al. "*Wages and Wages Policies: Tripartism in Singapore*." Singapore: World Scientific Publishing Co. Pte. Ltd.

Transparency International (2005). "Corruption Perceptions Index," at http:// www.transparency.org/cpi/2005/cpi2005_infocus.html.

Trocki, Carl A. (2005). *Singapore, Wealth, Power and the Culture of Control*. New York: Routledge, Taylor and Francis Group.

Tsao Yuan (1986), "Sources of growth accounting for the Singapore Economy" in Lim Chong Yah and Peter Lloyd (eds.), *Resources and Growth in Singapore*. Singapore: Oxford University Press.

United States Government, Department of State (2006). Singapore—Country Report on Human Rights Practices, at http://www.State.gov/g/drl/rls/hrpt/2005/61626.htm.

Vogel, Ezra (1989). "A Little Dragon Tamed" in Kernial S. Sandhu and Paul Wheatley (eds.), *Management of Success: The Molding of Modern Singapore*. Singapore: Institute of Southeast Asian Studies, pp. 1049–66.

Weil, David N. (2005). *Economic Growth*. Boston: Pearson Education, Addison-Wesley.

Wilkin, Sam (2004). "Maintaining Singapore's Miracle," August 17, 2004 Editorials *Countryrisk*, at http://www.countryrisk.com/editorials/archives/2004_08_17.html.

Wilson, Woodrow (1887). "The Study of Administration," *Political Science Quarterly*, Vol. 2, No. 1 (June 1887), at http://teachingameriacanhistory.org/library/index.asp?document=465.

Wong, Evelyn S. (2000). "Partnership of trade unions in national development programmes and in promotion of labour mobility in Singapore," Discussion Paper DP/117/2000. Geneva: International Institute for Labor Studies.

World Bank (1993). *The East Asian Miracle: Economic Growth and Public Policy*. New York and Oxford: Oxford University Press for the World Bank.

World Bank (2002). "Building Institutions for Markets," *World Development Report*. New York: Oxford University Press.

World Bank (2005a). "World Development Indicators," Database, at http://devdata.worldbank.org/dataonline/.

World Bank (2005b). "Economic Growth in the 1990s: Learning From a Decade of Reform," Washington, DC: World Bank.

World Economic Forum (2005). *The 2005 Global Competitiveness Report*. UK: Palgrave Macmillan; also at http://www.reforum.org.

World Health Organization (2006). *The World Health Report 2006—Working together for health*, at http://www.who.int/whr/2006.

Wu, Friedrich and Thia Jang Ping (2002). "Total Factor Productivity with Singaporean Characteristics: Adjusting for Impact of Housing Investment and Foreign Workers," *Economic Survey of Singapore*, 3rd Quarter, Ministry of Trade and Industry, Singapore, pp. 45–55.

Young, Alwyn (1992). "A tale of two cities: Factor accumulation and technological change in Hong Kong and Singapore," in Stanley Fischer and Olivier Blanchard (eds.), NBER *Macroeconomics Annual 1992*, No. 7. Cambridge: MIT Press.

索　引

（索引条目后的页码为原书页码，即本书边码）

C

external,外部,28,53

government,政府,53,57

public,公共,53

defense/military/army,国防/军事/军队,40,43,54－55,118,139

deficit,赤字(请见,balance of payments;budget,收支余额;预算)

democracy,民主,127,156－59

dominant party,执政党,4－5,134－35,150,156

illiberal,不自由的,150,156

liberal,自由的,5

universal value,as,普世价值,157

Deng Xiaoping,邓小平,1,132

Department of Statistics,Singapore Government,新加坡统计局,11,43,71

dependency,依赖,40,125

culture,文化,79

ratio,率,31

school of thought,思想流派,122

depreciation,贬值(请见,exchange rate;capital,汇率;资本)

detention without trial,未经审判的长期监禁,142

deterrence,威慑(请见,defense,国防)

development,发展

human development indicators,衡量人类发展水平的指标,17

social,社会的,15,33

G

K

quality,品质,22

relations,关系,61,83,90,109,124,144,148-49

shortage,短缺,87

"surplus",过剩,24

unskilled,非熟练的,17,22,42,83-84,161

L

labor force,劳动力,21,122-23,161

growth/increase,增长/增加,22,31,33

quality,品质,19

participation rate,参与率,22,167

women,女性,22,31,60,74

labor market,劳动力市场,22,50,74-76,91,101,105-6

labor unions,工会,4,40,75,79,141-43

laissez-faire,自由放任,64,76,92

land,土地

acquisition,购买,80 l

lease,租赁,80

public purposes,公共目的,80

reclamation,填海筑地,47,55

reforms,改革,81

scarcity,稀缺,44

state ownership,国家所有权,57,80

N

nominal,名义的(请见,exchange rate;GDP,汇率,国内生产总值)

North,Douglas C.,道格拉斯・C.诺斯,100,107

O

oil,石油、原油,28,38,50,57,65,83

    embargo 1973,1973 年禁运,123

    crisis,危机,139

openness,开放性,5 - 6,120,128,154,162 - 63

    economic,经济上的,64,71 - 74,97

    political,政治上的,127,156 - 60

Organization of Economic Cooperation and Development(OECD),
    经济合作与发展组织,53 - 55,57

output,产出,19 - 20,24

per worker,每名工人的,108

ownership,所有权,149

Pakistan,巴基斯坦,79,120,122,133

palm oil,棕榈油,36,41

Parrado,Eric,埃里克・帕拉多,88

parliament/parliamentary,国会/国会的,105

paternalism/paternalistic rule,家长作风/家长式统治,4,119,
    127 - 28

Peebles,Gavin,加文・皮布尔斯,17,25 - 26,29,61,72,93,104,151,
    165

privatization,私有化,94

production function,生产函数,26

productivity,生产率,101,109 - 10,147

 improvements,提升,88

 increase/growth,增加/增长,51,61,82,91 - 92

 labor productivity,劳动生产率,17

 total factor productivity(TFP),全要素生产率,19 - 21,23 - 25,
 92 - 93,153 - 54

property rights,财产权,4,101 - 2,106 - 9,126,134

prosperity,pursuit of,繁荣,追求,6 - 7

public enterprises,国有企业,3(也请见,Government-linked-enter-
 prises,政府关联企业)

public goods,公共货物,69,106,128

public housing,公共住房/组屋,1,17,24,26,54 - 55,81,83,149(也
 请见,HDB,建屋发展局)

public sector,公共部门,4,64,75

Public Utilities Board(PUB),公共事业委员会,94

purchasing power parity(PPP),购买力平价,13

R

race/racial,种族/种族的(请见,ethnicity/ethnic,民族(族群)/民族
 (族群)的)

Raffles,Thomas Stamford,托马斯·斯坦福·莱佛士,41

Rahman,Tunku Abdul,通库·阿卜杜勒·拉赫曼,12,144

Rajaratnam,S.,信那谈比·拉惹勒南,40,160

Ramirez,Carlos D.,卡洛斯·拉米雷斯,97

Rao,Bhanoji D.,巴瑙吉·劳,17

real effective exchange rate(REER),实际有效汇率(请见,exchange
rate,汇率)

recession,衰退、不景气,15,20,33,54,96,127,139,166

    1985 recession,1985 年衰退,24－25,28,84,87

    global,全球的,58,166

religion/religious,宗教/宗教的,132,160

    discrimination,歧视,4

    harmony,和谐,7,109,121

    tolerance,宽容,18,114

rent,租金

    economic,经济的,20,38,64

    housing,住房的,81,134

    seeking,寻租,64,96

research and development(R&D),科技研究与试验发展(研发),20,
25,29,96,123,152

reserves,储备

    foreign,外汇,29,89

    foreign exchange,汇率,29,89

    official,官方的,125

S

T

U

unemployment,失业,16,17,22,40,44,53 - 54,60,75 - 79,83,125,
   136,149,166

unions 工会,(请见,labor unions,工会)

United Kingdom/England,联合王国/英国（也请见,British,英国
   的）,2,108,117,149

   economic growth,经济增长,13,93

United Nations,联合国,117

Development Program(UNDP),联合国开发计划署,51

United States(U. S.,U. S. A.),美国,19,25,39,67,70,86,108 -
   109,111,122,144 - 145,161

   economic growth,经济增长,13

   natural resources,自然资源,38

   per capita income,人均收入,12,140

universities,大学,78 - 79

university graduates,大学毕业生

   marriage pattern,婚姻模式,127 - 128

unproductive activities,非生产性活动,115,121

U. S. dollar,美元,13,50,89

V

value-added tax,增值税,57,137（也请见,Goods and Services Tax,
   商品及服务税）

Y

yen,日元,50

Yong Pang How,杨邦孝,108

Young,Alvyn,阿尔文·扬,25−26,92,151

Z

Zambia,赞比亚,15